KB204201

사랑하니까
아빠다

사랑하니까 아빠다

초판 1쇄 인쇄 2014년 2월 7일
1쇄 발행 2014년 2월 17일

지은이 김 지 배
펴낸이 박에스더
펴낸곳 아름다운동행
등록일 2006년 10월 2일 등록번호 제 22-2987호
주소 서울시 서초구 효령로 304번지 (서초동) 국제전자센터 1509호
전화 02-3465-1520-2 **팩스** 02-3465-1525
홈페이지 www.iwithjesus.com
ISBN 978-89-965280-3-6

총판 비전북 031-907-3927

사랑하니까
아빠다

김지배 지음

아름다운동행

가슴에 품은 작은 씨앗 하나

저자 김지배는 상당히 독특한 사람이다. 겉모습은 샌님이나 교수처럼 얌전하고 고지식해서 길도 아는 길이 아니면 절대 발을 내딛지 않을 사람처럼 보이지만, 속내는 전혀 그렇지 않다. 생각해보라. 아내와 결혼한 지 1만 일째 되는 날을 기억하고, 아들의 서른 살 생일이 태어난 지 10,958일째라는 것을 아는 사람이 과연 평범한 사람일까?

그렇다고 '세상에 이런 일이…'나 '믿거나 말거나'같은 프로그램에 등장하는 유별나고 괴팍한 사람으로 오해하면 정말 곤란하다. 저자는 소년 같은 해맑은 미소를 입에 물고(사실 저자의 나이를 생각해보면 은근 질투 나는 일이다) 이따금씩 깨알 같은 유머도 구사할 줄 아는 '느낌 아는' 사람이기 때문이다. 쉽게 말해 평범하면서도 특이한(이런 모순적인 표현을 쓸 수밖에 없음을 이해해주기 바란다), 그래서 더 매력적인 사람이라는 소리다.

책을 읽어보면 알겠지만, 저자는 사실 '이벤트의 달인'이다. 그는 '급소'를 안다. 어떤 타이밍에 무엇을 던져야 상대방의 마음이 움직일지를 잘 알고 있다. 이 본능적인 감각에 저자는 탁월한 기획력을 부록처럼 여분으로 달고 다닌다. 그래서 그가 한 가족 행사들을 보면 저절로 무릎을 치게 된다. '이거 좋은데? 나도 한번 써먹어볼까?'

하지만 저자를 단순히 '머리가 좋은' 사람으로 생각하는 건 정말이지 대단한 단견(短見)이다. 왜냐하면 그의 이벤트는 그저 이벤트가 아니기 때문이다. 저자의 이벤트가 사람들의 마음에 감동을 주는 것은 정확한 타이밍도 아니고 탁월한 기획력 때문도 아니다. 감동은 기술에서 나오는 것이 아니다. 감동은 마음에서 나온다. 어떤 기술도 마음이 담기지 않는 한 감동을 불러일으킬 수 없다.

그래서 나는 그가 정말로 가족을 사랑하는 사람이라고 생각한다. 그의 모든 이벤트에는 따뜻한 사랑이 녹아 있다.

그래서 사람들의 마음을 움직이는 것이다. 한 가정의 가장으로서 가족을 지키고 자녀들을 보호하려는 그 절절한 마음이 기획력이 되고 기술이 되어 구체화될 때 그의 이벤트가 꽃피어난다. 가장 중요한 핵심은 사랑이다. 아내에 대한 사랑, 자녀에 대한 사랑이 그의 이벤트이다.

나는 오랫동안 가정 사역자로 활동해왔다. 책도 썼고 강연도 다녔고 상담도 했다. 성경적 가정을 만드는 일에 대해서라면 나는 책을 수십 권도 쓸 수 있고 몇일 동안 밤을 새가면서 강연도 할 수 있다. 하지만 성경적 가정을 이루는 방법을 단 한마디로 줄여보라면 '사랑'이라고 말하겠다. 하나님에 대한 사랑, 가족에 대한 사랑이 바로 성경적 가정을 만드는 핵심 열쇠다. 사랑 없이 어떻게 지상의 작은 천국을 만들 수 있겠는가!

나는 그런 의미에서 저자의 책 '사랑하니까 아빠다'를 추천하고 싶다. 이 땅의 모든 아빠들이 이 책을 읽고 좀더 가족을 사랑하게 되길 바란다. 우리 사회가 건강해지고 행복해지는 것은 사실 어려운 일이 아니다. 아빠가 바로 서면 된다. 한 가정의 중심으로서 아빠가 가정 내에서 바로 서고 그 권위를 인정받으며 하나님의 사랑 안에서 가족을 아끼고 보호할 때 사회는 저절로 건강해지고 행복해진다. 이 책, '사랑하니까 아빠다'에는 그 길로 나아갈 수 있는 작은 희망의 씨앗이 감춰져 있다. 대한민국의 모든 아빠들이 이 책에서 그 씨앗 하나씩 가슴속에 모종해갈 수 있기를 진심으로 기대한다.

– 박수웅 장로

재미(在美) 의사 · 코스타 강사 · 가정사역자

차례

제2장 온 가족이 함께 만드는 사랑

머리말

종은 울릴 때까지 종이 아니고…

"종은 울릴 때까지 종이 아니요,
사랑은 표현할 때까지 사랑이 아니다."

37년 전 우리 부부의 주례를 해주셨던 고(故) 김준곤 목사님께서 결혼 선물로 주신 액자 뒷면에 쓰여진 문구입니다. "서로 사랑해라, 사랑을 표현하라"와 같은 원론적인 조언들을 들을 때마다 나는 그 이야기를 한 발 더 뛰어넘어 "어떻게?"에 마음이 가 닿았습니다. 도대체 어떻게 사랑하라는 것일까? 내가 상대방을 사랑한다는 것은 어떻게 표현하면 되는 것일까? 어떻게 하면 상대방이 나의 사랑을 느낄 수 있을까? 마치 손으로 만지듯 보여줄 수 있을까? 어떻게 하

면 반복적인 일상 속에서 특별한 의미를 찾아 사랑의 무지
갯빛 색을 입힐 수 있을까?

관심이 만들어낸 '소박한 사랑의 아이디어들'

필요는 발명의 어머니라고 하던가요? 고민을 하다 보니
이런 저런 아이디어들이 떠올랐습니다. 매일 매일의 일상
속에서 조금만 관심을 기울이면 전혀 다른 그 무엇을 만들
어낼 수 있다는 것을 깨닫게 되었습니다. 아이들에게 주는
평범한 생일 케이크가 재미난 퀴즈가 될 수 있고, 매년 관례
처럼 던지던 새해 인사도 의미 있는 이벤트가 될 수 있었습
니다.

이 책은 그런 저의 소박한 사랑의 아이디어들을 모은 책
입니다. 한 여자의 남편이자 두 아이의 아빠로서 우리 가족
과 함께 누렸던 단란한 '사랑 표현법'을 모은 것이 이 책입니
다. 거창하고 대단한 아이디어들은 아니지만, 저의 소박한
사랑법이 고스란히 담긴 것들입니다. 아내와 아이들에게
향했던 저의 작지만 소중한 사랑의 기억들이 오롯이 배어
든 소중한 기억들입니다.

'아버지의 자리' 재확인 하는 기회되길…

　살아오는 동안 많은 가치들이 변해가는 것을 지켜봅니다. 사랑마저도 돈으로 환산되어 그 가치가 매겨지는 시대입니다. 한 가정의 든든한 버팀목이자 가족의 울타리가 되었던 아버지의 자리도 점점 작아지고 있습니다. 오직 돈 벌어오는 기계로 낯선 이방인이 되어버린 서글픈 아버지의 시대에 이 책이 아버지의 위치를 재확인하고, 아버지가 가족의 중심으로 그 따뜻한 사랑을 실천하는 하나의 소중한 기회가 되는데 도움이 된다면 더 이상 큰 기쁨이 없을 것입니다.

　이 책이 우리 손에 쥐어지기까지 남다른 열정과 사명감으로 이 땅의 문서선교를 이끌고 있는 아름다운동행 편집진의 도움에 힘입은 바 매우 큽니다.

　제 인생에서 부모로서의 역할이 무엇인지 롤 모델이 되어주셨던 천국에 계신 부모님과 사랑의 대상으로 존재한 저의 소중한 가족에게 마음 깊이 감사를 전합니다.

2014년 1월

김지배

매일 매일의 일상 속에서
조금만 관심을 기울이면
전혀 다른 그 무엇을 만들어낼 수 있다는 것을
깨닫게 되었습니다.

제1장

아빠,
뭐 하세요?

장인어른과 장모님에게 한식을 대접하고
장인어른께는 여름용 남방셔츠를,
장모님께는 대나무로 엮어 만든 여름 핸드백을 선물로 드렸습니다.
그 이후의 일에 대해서는 말씀드리지 않겠습니다.
아내의 얼굴에 흐르던 눈물이
아마도 충분한 답이 되지 않겠나 생각합니다.
다만 한 가지, 그날 이후 동서들로부터 항의 꽤나 받았다는 사실이
유일한 '옥의 티라면 티'라고 할 수 있겠지요!

A Father's Love Song for Family!

결혼기념일을 위한
특별한
아이디어

가정에서 아버지들이 흔히 잘 잊고 넘어가는 것이 '기념일'입니다.

젊었을 때는 열정에 넘쳐 각종 기념일을 챙기고 나름대로 작은 이벤트도 마련을 했지만, '먹고 사는데' 너무 지치다보니 갈수록 기념일을 챙긴다는 것이 힘들어지고 때론 귀찮거나 깜빡 잊기도 합니다.

하지만 아내나 아이들의 경우는 다릅니다. 아빠가 이런 기념일을 잊지 않고 '뭔가를 한다'는 사실 자체를 의미심장하게 받아들입니다. 기념일 자체가 중요한 게 아니라 그 기념일을 기억하고 가족을 위해 뭔가를 하는 아빠의 행동 그 자체를 '가족에 대한 아빠의 사랑'으로 이해하는 거지요. 그래서 기념일을 챙기는 것은 중요합니다.

결혼 10주년의 궁즉통(窮則通)

제 경우는 가족 생일이나 결혼기념일 등을 잊은 채 그냥 지난 적은 없지만, 아내와의 결혼 10주년을 맞이하게 되니 마음이 예사롭지 않았습니다. 9주년이나 11주년과는 구별되도록 좀 특이하게 기념하고픈 마음이 있었습니다.

매년 결혼기념일을 요란스럽게 보내지는 않았지만 나름대로 의미 있는 축하의 자리로 보내곤 했는데, '10주년'이란 단어가 주는 의미가 제법 묵직하게 다가왔습니다. 뭔가 특별한 이벤트로 아내를 기쁘게 해주고 싶지만 그게 그리 마음처럼 쉬운 일은 아니었습니다.

일단 원칙을 세웠습니다. 최소의 투자로 최대의 효과! 최고의 아이디어로 최강의 행복한 순간을 연출해보자고 다짐했습니다. D-데이까지는 아직 한 달 정도 여유가 있기는 했지만, 그저 막막할 뿐이었습니다. 생각만 이리저리 맴돌 뿐 딱히 잡히는 것이 없었습니다. 덕분에 출퇴근 시간 버스 속에서, 또 일하다 좀 짬이 날 때마다 이 궁리 저 궁리로 심심할 겨를이 없었습니다.

매년 우리 부부 둘이서 그날을 기념하곤 했는데 이번에는 가족이 다 함께하는 시간으로 해보면 어떨까? 그러기엔 아직 아이들이 어린가? 그럼 어디 좀 먼 곳으로 가볼까? 아니면 10년 전 첫날밤을 보낸 수유리의 그린파크에서 둘만의 시간을…? 주례 목사님을 모셔볼까? 그렇다면 부모님은…?

그 순간 머릿속에서 뭔가가 번쩍 했습니다. 그거다! 장인 어른과 장모님을 모시자! 물론 저의 부모님도 모시면 좋겠지만, 부모님은 오래 전에 미국으로 이민을 가셔서 갑작스럽게 모시기에는 어려움이 많았습니다.

아내의 눈물

드디어 D-데이! 출근하기 전에 아내에게 퇴근 후에 반포에 있는 한 백화점 식당가에서 만나자고 약속을 했습니다. 아내 역시 결혼기념일이라 나오라는 줄 이미 눈치 채고 다소 들뜬 표정으로 알았다고 대답했습니다.

회사에서 서초동에 사시는 장인어른께 전화를 걸었습니다. "저녁에 뵙고 함께 식사라도 하고 싶으니 장모님과 함께 나오시면 어떨까요?"라고 말씀드리고 장소와 시간을 알려드렸습니다.

그날 저녁, 약속 장소에서 만난 아내와 장인어른, 그리고 장모님은 모두들 깜짝 놀랐습니다. 그냥 저를 만나는 줄 알고 나왔는데 부모님이 계시고 딸이 있으니 놀랍고 또 반가웠던 거지요. 자리를 잡고 장인어른과 장모님께 이렇게 말씀드렸습니다.

"오늘이 저희들 결혼기념일입니다. 하지만 생각해보면 오늘의 저희들이 있기까지는 두 분 부모님이 계시지 않았다면 불가능했겠지요. 곱게 딸을 잘 키우셔서 이렇게 제게 아내로 허락해주시고, 그래서 오늘까지 이렇게 잘 지낼 수 있었던 것도 다 두 분 부모님의 은혜입니다. 그 고마움을 함께 나누고 싶어서 저희 결혼 10주년 자리에 조촐하지만 이렇게 모셨습니다. 감사합니다. 두 분 모두 더 건강하고 오래오래 행복하게 사셔야합니다.'

그렇게 두 분이 좋아하는 한식을 대접해 드리고, 때가 마침 5월 하순인지라 장인어른께는 여름용 남방셔츠를, 장모님께는 대나무로 엮어 만든 여름 핸드백을 선물로 드렸습니다.

그 이후는 말씀드리지 않겠습니다. 아내의 얼굴에 흐르던 눈물이 아마도 충분한 답이 되었으리라 생각합니다. 다만 한 가지, 그날 이후 동서들로부터 항의 꽤나 받았다는 사실이 유일한 '옥의 티라면 티'라고 할 수 있겠지요.

"우리 1만일을 함께 살았네요"

아마도 대부분의 집에는 결혼기념일과 관련된 에피소드들이 한두 가지는 있을 것입니다. 그 중에는 행복한 에피소드도 있고 조금은 우울하고 기억하고 싶지 않은 에피소드도 있을 것입니다.

어떤 '착실남'은 여자들이 장미꽃을 좋아한다는 말을 누군가로부터 듣고는 아내의 생일이나 결혼기념일이면 예외 없이 장미꽃을 사들고 귀가했답니다. 처음 장미꽃을 사갔을 때 뛸 듯이 기뻐하며 행복한 미소를 짓던 아내는 해가 거듭될수록 반가워하는 강도가 약해지더니, 결국 나중에는 짜증스러워 하며 이렇게 말했답니다.

"이제 다른 것 좀 사와봐요!"

안타까운 이야기입니다. 그래도 잊지 않고 장미꽃을 사 갔다는 것은 기특하지만, 거기에 약간의 연출력만 더했더 라면 이런 비극은 일어나지 않았겠지요. 그 마음이야 한결 같지만 조금만 더 신경을 쓰면 행복한 아내를 만들 수 있고, 거기에 덩달아 남편도 행복해질 수 있는 것이겠지요.

저의 경우는 결혼한 후 1만 일째 되던 날을 D-데이로 잡 았습니다. 이런 걸 '절호의 찬스'라고 할 수 있지요. 살면서 결코 놓치고 싶지 않은 기회입니다. 그래서 나름대로 이런 저런 준비를 했습니다. 하지만 미리 눈치를 채게 하거나 들 켜서 김빠진 이벤트를 만들고 싶지는 않았기에 철저한 보 안 속에 일을 진행했습니다.

그날, 평소와 다름없이 저녁식사를 마친 후 아이들과 함 께 거실에서 미리 준비한 슬라이드 쇼를 펼쳤습니다. 전에 도 이따금 제가 이런 형태의 슬라이드 쇼를 가족들에게 보 여준 적이 있었기 때문에 아내와 아이들은 아빠가 또 뭘 보 여주려나 보다 하고 별 생각 없이 거실 소파에 앉았습니다.

거실의 불을 끄고 어두운 가운데 슬라이드가 돌아가기 시작했습니다. 벽에 비친 슬라이드의 첫 컷은 오래된 흑백 결혼사진! 사진 속에는 젊은 모습의 아내와 제가 예복을 입고 서 있습니다. 식구들의 반응은 당연히 '웬 결혼사진?' 하는 다소 뜨악한 표정이었습니다. 이어 돌아가는 슬라이드는 결혼 이후 변해가는 우리 가정의 모습을 시간대 별로 보여주기 시작했습니다. 아이가 하나씩 태어나고 이런저런 일들이 일어나기 시작합니다.

이런 경우, 비교 사진을 잘 활용하면 대단히 효과적입니다. 가령, 신혼 여행지였던 설악산 권금성에서 아내와 찍은 사진에 지난 해 다녀온 그곳의 사진을 나란히 배치해 한 컷을 만드는 것입니다. 이러면 과거와 현재가 극명하게 대비되고 자연스럽게 시간의 흐름이 느껴지지요. 아이들 사진도 돌 때의 사진과 최근의 사진을 대비시켜 배치합니다.

식구들은 말없이 슬라이드를 보면서 속으로 도대체 왜 이 사진들을 계속해서 보여주는지 자못 궁금한 얼굴입니다. 그런 궁금증이 적당히 증폭되었을 때, 마침내 제가 정말로 하고 싶었던 멘트가 화면 속에 등장합니다. 바로,

"축하합니다! 결혼 10,000일째!"

아이들과 아내의 환호성과 박수가 터져 나왔습니다. 기뻐하고 감동하는 아내와 아이들의 모습이 제겐 더 큰 기쁨

27년 만에 다시 오른 권금성, 오른쪽 사진이 신혼여행 당시의 모습

이었습니다.

그리고, 마지막 컷은 저희 가정의 성경구절입니다.

"항상 기뻐하라 쉬지 말고 기도하라 범사에 감사하라 이것
이 그리스도 예수 안에서 너희를 향하신 하나님의 뜻이니
라"(살전 5:16~18)

그러나 이것으로 끝이 아닌 또 한 번의 깜짝 이벤트를 시

작했습니다. 이름하여 '표창장 수여식!' 아들과 딸의 이름
이 호명되고, 제가 표창장과 봉투를 꺼내들며 말했습니다.

"표창장 받을 사람 둘 앞으로!"

이어 표창장에 적힌 내용을 낭독했습니다.

"우리 부부의 10,000일 안에 너희들이 존재한다는 것. 이
보다 더 크고 귀한 기쁨이, 감사가 있겠느냐! 너희로 인해
늘 주님께 감사드린다. 너희들이 자랑스럽다. 주 안에서 늘
큰 꿈 품기를 바란다. 아버지와 어머니."

이렇게 표창장과 함께 특별 보너스도 지급을 했습니다.

이튿날 아침, 뜻밖의 축하와 격려 메시지가 도착해 있었
습니다. 먼저, 아들의 메일 내용입니다.

사랑하는 아버지,

벌써(?) 10,000일을 같이 두 분이 사셨군요. 진심으
로 축하드려요. 갈수록 더욱 가까워지시고, 서로를 위하시
고, 이해하고 사랑하고, 서로에게 최선을 다하려고 노력하
는 모습이 저에게는 정말 모범이 되고 또 자랑스럽습니다.
행복하게 오래 오래 사세요. - 아들 종인 올림

다음은 딸의 메일입니다.

✉ 두 분을 보면 '아, 결혼하고 싶다'는 생각이 들어요.
진심으로 두 분 모두 존경스럽고 자랑스러워요.

– 사랑하는 딸내미 올림

아내는 문자를 보내왔습니다.

📱 나이 들면서 요즘 당신처럼 잘 변한다면 분명 축하 받
을 일이죠? 남은 날도 더 풍성해지도록 함께 기도해요. 사
랑해요!

격년제를 허(許)하라

결혼기념일과 관련해 한 가지 꼭 덧붙이고 싶은 말이 있
습니다. 왜 결혼기념일을 챙기는 것이 남자들만의 의무요,
책임인가 하는 것입니다. 정말 인간적으로 한번 생각해볼
문제입니다.

여자분들은 솔직히 결혼하기 싫은 걸 억지로 결혼하신 겁

니까? 결혼기념일 잊지 않고 잘 챙겨준다고 해서 결혼하신 겁니까? 아마도 아닐겁니다. 그래서 저는 이런 제안을 드리고 싶습니다. 남편과 아내가 서로 돌아가며 결혼기념일을 기획하고 준비하는, 이른바 격년제를 도입하는 거지요.

"결혼기념일 챙기는 일, 아내와 같이 번갈아 격년제로 실시하라!"

이것이 남자들 좀 편하자고 하는 소리냐구요? 천만의 말씀입니다. 아내분들도 꼭 한번 시도해 보세요. 경험자인 제가 장담컨데, 또 다른 차원의 행복을 느끼실 겁니다. 그 좋은 경험을 왜 남자들에게 다 빼앗기시려고 하십니까? 격년제 결혼기념일 축하, 나누어 갖는 축하의 지휘봉! 정말 좋지 않겠습니까?

"결혼기념일 챙기는 일,
아내와 같이 격년제로 실시하라!"

우리 집에만
있는
기념일

어느 집이든 그 집만의 특별한 기념일 하루쯤은 갖고 있기 마련입니다.

우리 집의 경우는 4월 22일이 그런 날 중 하나입니다. 1947년 4월 22일, 우리 부모님은 황해도 신천에서 38선을 넘어 남한으로 넘어왔습니다. 자유를 찾아 목숨을 걸고 단행한 일이었습니다.

그때 저는 3살짜리 어린아이였습니다. 어머니 등에 업힌 채 도무지 뭐가 뭔지를 모르고 잠들어 있었습니다. 그러나 9살부터 7살, 5살짜리 3남 1녀를 데리고 38선을 넘은 이야기는 그때 사정을 잘 아는 분들에게는 한 편의 영화 같은 이야기로 기억되는 큰 사건입니다.

그런데 그것이 다가 아닙니다. 일단 월남에 성공한 후 어머니는 막내인 저를 업은 채 몇 가지라도 더 살림이 될 만한 물건들을 가져오겠다고 다시 38선을 넘어 갔다 오셨습니다. 지금 생각해보면 기가 막힐 노릇이지만, 어쨌든 나중에 내가 친구들에게 가끔 큰소리를 칠 구실을 제공해준 '사건'이었습니다.

"38선을 두 번씩이나 넘어 본 사람 있으면 나와 보라고!"

"남조선 아바이 동무께"

어쨌든 이런 이유로 해서 매년 4월 22일이 되면 우리 집에서는 소위 '피난민 식사'를 온 가족이 함께 나누게 되었습니다. 피난민 식사는 뭐 특별한 식사가 아니라 당시를 생각하면서 먹는 검소한 식사입니다. 커다란 양푼에 보리밥을 담아 숟가락 4개를 쿡쿡 찔러 놓은 채, 식탁이 아닌 부엌 바닥에 촛불을 켜놓고 둘러 앉아 김치 하나로 먹는….

그런데 이런 식사도 '추억'이 되고 '맛'이 됩니다. 다 큰 딸아이는 가끔 집에 올 때면 피난민 식사 한 번 해 먹자고 조르기도 합니다.

어느 해인가는 아침 출근길에 핸드폰으로 문자가 날라왔습니다. 딸로부터였지요.

'아바이 동무, 남조선으로 내려오신 것 렬렬히 환영합네다.'

정신없이 바쁜 출근길이었지만, 그 문자를 보며 슬그머니 웃을 수밖에 없었습니다.

그래서 우리 집 달력에는 가족들 생일과 함께 이 날, 잊을 수 없는 4월 22일도 붉은 펜으로 동그라미가 그려집니다.

정전 60주년, 70대 남매의 특별한 여행

이건 아주 최근의 일이었는데, 나이 합계 284살의 세 할아버지와 한 할머니가 6·25정전 60주년을 맞아 특별한 나들이 길에 나섰습니다. 세 할아버지와 한 할머니는 미국에서 잠시 귀국한 형님과 누나, 그리고 서울 형님과 저 입니다. 저희 남매들은 66년 전 38선을 넘은 날을 기념하는 의미에서 이런 일정을 마련했습니다.

아무래도 첫 방문지는 서울 용산 삼각지에 있는 전쟁기

념관. 야외에 전시된 비행기, 군함, 탱크 등을 바라보며 우리는 아득한 과거의 회상 속으로 빠져들었습니다. 참으로 의미 있고 귀한 시간을 함께했습니다. 38선을 넘을 당시 저희 부모님의 나이는 32세와 28세! 그 모진 세월이 덧없이 흐르고 흘러 그 철부지 어린 아이들이 이제 할머니 할아버지가 되었습니다.

66년전 38선을 넘은 날을 기념하며 임진각을 찾았다.

이어 찾은 임진각과 통일전망대. 저희 사남매는 어디를 가든 경로 할인의 혜택을 누리며 지난 시절의 추억을 곱씹었습니다. 길고 긴 여정이었지만 사남매의 이야기는 도란도란 그칠 줄을 몰랐습니다. 먼저 하늘나라로 가신 부모님을 생각하며 둘러보는 망배단과 망원경으로 들여다보는 북녘 땅은 너무 아스라해서 서글펐습니다. 총탄 흔적이 뚜렷한 멈춰 선 기차와 지하벙커, 그 긴 세월의 흔적 속에서 저희 사남매는 멀고먼 시간의 뒤안길을 함께 걸었습니다.

11월 11일은 명동에서

결혼한 남자들은 지갑에 가족사진을 넣어 가지고 다니는 경우가 많습니다. 때로는 핸드폰의 메인 화면을 아이들 사진으로 깔아놓기도 하지요.

그런데 저는 가족사진과 함께 아내의 흑백 사진 한 장을 지갑에 넣어 가지고 다닙니다. 대학 졸업앨범에 실린, 학사모 반듯이 쓰고 찍은 사진이지요. 제가 이 사진을 잊지 못하는 것은 그때 그 '여학생'이 내게 해 준 말 때문입니다.

1971년 11월 11일, 나는 '카이저호프'에 있었습니다. 을 지로 쪽 명동입구를 조금 들어서면 왼편에 있는, 당시 학생들이 많이 찾는 호프집입니다. 그날 제 앞에 앉아 있던 여대생이 사진 한 장을 꺼내면서 이렇게 말해주었습니다.

"이 사진, 졸업 앨범용으로 찍은 건데요. 지금 막 찾았거든요. 이거 아무에게도 안 주었는데 오빠에게 드릴게요. 잘 나왔어요?"

당시 저는 그 여학생과 자주 만나며 사귄다고 생각은 하고 있었지만 상대방이 확실히 저를 좋아하는지는 분명치 않은 상태에서 만남을 계속해오고 있었습니다. 그런데 그날 그 사진을 받으면서부터는 뭐랄까, 자신이 생겼다고 할까, 그런 느낌을 가지게 되었지요.

아내가 수줍게 건네준 그 사진의 뒷면에는 '71−11−11'이라고 적혀있었습니다. 사춘기 이후 언제부터인지 저는 대부분의 사람들이 주목하지 않는 달, 그러니까 다른 달에 비해 이렇다 할 특징이 별로 없어 조금은 외로워 보이는 11월을 좋아하고 있었지만, 71년의 그 추억을 간직하고부터는 일 년 열두 달 중 11월을 유난히 더 좋아하게 되었지요.

그래서 매년 11월 11일은 꼭 아내와 함께 명동을 찾아 식사를 합니다. 아이들이 커서는 아이들도 함께 불러 명동에서 만나곤 합니다.

언제부턴가 11월 11일이 '빼빼로 데이'가 되면서부터는 부쩍 명동에 모이는 인파가 많아 우리를 함께 축복해주는 듯한 착각마저 들기도 합니다.

중요한 것은 가족이 함께 시간을 보내며 공통의 추억을 공유하게 되는 것, 그것이 가족을 가족답게 만드는 핵심입니다.

용돈의
미학(美學)

　자녀들과의 관계에서 '용돈'은 중요한 역할을 합니다. 용
돈 때문에 자녀와의 관계가 원활해지기도 하고 때로는 급
속히 악화되기도 하지요. 저는 매달 1일 아이들에게 용돈을
주었습니다. 월간 큐티지 '생명의 삶'(우리 집에서는 명칭을 줄
여 '생삶'으로 부른다) 한 권과 함께 용돈이 든 봉투를 아이들
에게 건넵니다. 용돈은 항상 신권으로 미리 준비해서 주는
데, 혹여 신권을 준비하지 못한 경우에는 아내와 제 지갑에
있는 돈 가운데 반듯한 새 돈으로만 골라 넣습니다.

　이렇게 용돈이 든 봉투를 건네 줄 때 저는 봉투의 겉면에
그때마다 언뜻 떠오르는 생각을 한두 줄씩 적어줍니다. 예

를 들면, 프로야구 LG의 영원한 팬인 아들의 경우에는 '요즘 LG가 고전 중이더라. 네 응원 부족 때문 아냐? 기운내라!', 딸에게는 '새 봄이다. 3월이다. 새롭게 신나게…'뭐 이런 식이지요. 꼭 그렇게 했기 때문에 그런 결과가 빚어졌다고 말하기에는 너무 순진한 생각인지도 모르겠지만, 어쨌든 우리 아이들은 용돈 문제로 부모의 마음을 아프게 한 적은 없었습니다.

'반환된' 1만 원 권 지폐

한 번은 이런 일이 있었습니다. 고등학생이 된 아들이 어느 날 친구들과 야구 구경을 가기로 했다면서 아내에게 1만 원만 달라고 했답니다.

아내는 "혹여 친구들이랑 놀다보면 부족할지도 모르니 여유 있게 사용하라"며 2만 원을 쥐어주었답니다. 웃으면서 "만원이면 충분한데…"하며 그 돈을 받아들고 나간 아들 녀석은 저녁에 집으로 돌아와서는 쓰고 남았다며 1만 원을 다시 안방 화장대 위에 올려놓았답니다.

딸의 경우는 좀 색다릅니다. 어느 날, 딸아이의 방에서 뭘 좀 찾다가 실수로 선반에 올려놓았던 작은 상자 하나를 건드렸습니다. 상자는 방바닥으로 떨어지며 뚜껑이 열려 그 안의 내용물이 전부 방바닥에 좌악 흩어졌습니다. 당황해서 쏟아진 내용물을 주우려고 보니, '어, 이게 뭐지?' 그 안에 들어있던 것은 그동안 제가 용돈을 주면서 돈을 넣었던 사각 봉투들이었습니다.

딸아이는 그것들을 하나도 버리지 않고 차곡차곡 그 상자 안에 모아놓았던 것입니다. 왠지 좀 대견하기도 하고, 어딘지 모르게 마음 한 구석이 찡해지는 느낌이었습니다. 봉투를 주워 다시 상자에 집어넣으며 하나하나 봉투에 적힌 문구들을 읽게 되었습니다.

거기에 적힌 문구들은 어떤 것은 재미있고, 또 어떤 것은 제법 그럴싸해 보였습니다. 물론, 제가 보기에도 우습고 유치한 것도 있었습니다. 어쨌든, 제가 썼던 것들임에도 불구하고 나중에 읽게 된 그 문구들은 마치 처음 보는 것처럼 신선했습니다.

"제 보물이에요"

그날 저녁 딸에게 물었습니다.

"아빠가 준 용돈의 봉투를 다 모아 놓았더라?"

"아, 아빠 그거 보셨구나. 그거 제 보물이에요! 가끔가다 친구들에게 자랑도 하고 그래요. 그러면 다 부러워해요. 그리고 그거요, 제가 결혼하면 나중에 제 아이들에게도 보여주며 자랑할거에요!"

코끝이 시큰했습니다. 저희 부부는 단 한 번도 아이들에게 "돈을 아껴 쓰라"거나 "함부로 돈을 낭비하면 안 된다"고 훈계한 적이 없습니다. 그럼에도 불구하고 아이들은 자연스럽게 자신이 받는 용돈의 범위 내에서 경제적이고 규모 있는 지출 습관을 형성했습니다. 그런 아이들이 늘 고맙고 대견하기만 했습니다. 다만, 부모로서 여기에 하나만 덧붙인다면, 아이들에게 용돈을 줄 때는 단순히 용돈을 주는 것으로 생각하면 안 된다는 것입니다. 저는 아이들에게 용돈을 주었지만, 항상 그 용돈과 함께 제 마음을 같이 주었습니다. 아이들 역시 아마도 그것을 의식적이든, 무의식적이든 느꼈던 것이 아닐까 생각할 뿐입니다.

아이들이
더 기다리는
가족 나들이의 비밀

　어렸을 때는 가족 나들이를 손꼽아 기다리던 아이들이 좀 머리가 크고 사춘기를 거치면 잘 따라나서려고 하지를 않게 됩니다. 모처럼의 연휴나 휴일, 아이들을 데리고 바람을 좀 쐬려고 해도 친구를 만나러 나가겠다고 하거나 그냥 혼자 집에 있겠다고 해서 부모의 마음을 상하게 합니다. 아이들이 성장하며 나타나는 지극히 자연스러운 현상이지만, 그래도 부모 입장에서는 여간 섭섭한 것이 아닙니다.

　그런데, 우리 집 아이들은 가족이 함께하는 외출이나 여행에 늘 적극적이었습니다. 계획이 잡히면 늘 즐겁게 동행했습니다. 그래서 주변에서는 다 큰 아이들이 어떻게 아무런 거부감 없이 부모와 함께 곧잘 다니는지를 궁금해 했습니다. 아마도 어느 해 총선거 날로 기억이 됩니다. 다음은 그날 저희 가족의 외출 케이스 리포트입니다.

제비뽑기의 위력

기왕에 외출할 거 좀 색다른 접근을 해보았습니다.

"오늘은 좀 일찍 같이 나가서 투표 마친 다음 시내에 나가서 놀다가 올까? 가고 싶은 곳 추천 받습니다."

이렇게 제안을 하자 각자의 의견이 분분했습니다.

"인사동!"

"한강 유람선!"

"평창동을 거쳐 스카이파크로 드라이브!"

"그냥 집 근처의 올림픽 공원에 가자!"

그야말로 4인 4색, 의견의 통일이 쉽지 않았습니다. 고민하다가 제가 의견을 냈습니다.

"안 되겠다. 이렇게 정하기로 하자. 제비뽑기다. 거론된 후보지 네 곳을 각각 쪽지에 써서 모자에 넣고 하나씩 고르는 거다. 제일 많이 뽑힌 곳이 오늘의 외출 장소다."

서로의 의견이 달라 외출 한 번 하려다가 공연히 마음만 상할 수도 있었는데, 제비뽑기를 했더니 그 제비뽑기 자체가 하나의 즐거운 이벤트가 되었습니다.

우리 가족은 그날 두 표가 뽑힌 인사동으로 진출했습니다. 고풍스런 인사동 길에서 모처럼의 휴일을 즐기다가 내친김에 평창동의 화랑가까지 두루 돌며 풍성한 하루를 보냈습니다.

'완장'의 힘

이번에는 외출이 아니라 가족여행입니다. 언제인가 1박 2일로 설악과 동해 쪽으로 온 가족이 여행을 다녀온 적이 있습니다. 그때 저는 가족 모두가 여행에 실제적으로 동참하고 오랫동안 기억에 남을 만한 여행을 만들기 위해 신경을 썼습니다.

그 시작은 바로 역할 분담입니다. 출발 준비를 하면서 각자의 역할을 분담하고 구두로 임명장을 수여합니다.

우선, 딸에게는 메뉴 부장! 메뉴 부장의 임무는 여행 기간 내내 매 끼 메뉴를 책임지고 정하는 것입니다. 물론 가족의 의견을 참조하는 것까지 전적인 권한을 주고, 다른 사람들은 메뉴 부장의 결정에 절대적으로 복종해야 합니다.

이어 아들은 규율 부장! 규율 부장은 여행 중 취침 시간, 기상 시간, 휴식 시간 등을 정해 명령할 수 있습니다. 규율 부장의 지시에는 당연히 절대 복종!

아내는 교통안내 부장! 교통안내 부장은 쉽게 말해 '인간 내비게이션'입니다. 제 옆 좌석에 앉아 지도를 펼쳐 가며 가장 빠른 길로 길 안내를 합니다.

저는 운전 부장입니다. 어찌 보면 권한이 제일 약한 직책 같지만, 그래도 사랑하는 저의 VIP들을 안전하게 모시는 영광은 온전히 저의 것입니다. 물론, 가끔가다 교통안내 부장과 길 선택을 놓고 일부 의견충돌이 일어나기는 하지만, 어쨌든 별로 불만은 없습니다.

이렇게 각자 완장 하나씩 차고 떠난 가족여행은 한 가족으로서 한 마음을 체득하는 소중한 기회가 되었습니다. 아이들이 각자 자신의 역할에 충실하려고 애쓰는 모습을 바라보는 것은 그 자체로 기쁨을 주었습니다.

아이들은 가족 내에서 자신에게 뭔가 의미 있는 역할이 주어졌을 때 비로소 소속감을 느낍니다. 저희 가족에게는 가족여행이 그런 역할을 해 준 것이지요. '완장'은 때로 가족 내에서 마술과도 같은 변화를 불러옵니다. 한 번 시도해 보십시오. 돈 드는 거 아니니 직급도 팍팍 올려주시고요! 자녀들이 달라집니다.

자녀의 생일을
특별한 날로
만드는 법

　누구나 매년 한 번씩 맞게 되는 생일. 어렸을 때는 설렘으로 다가오던 생일이 나이가 들면서는 그 빛이 퇴색되어 그저 '또 한 살을 먹는구나!' 하는 정도의 느낌만 남습니다. 하지만 곰곰이 생각해보면 생일은 정말로 특별한 날입니다. 더욱이 아직 어린 자녀의 입장에서는 더욱더 그렇습니다.

　우선 생일은 내가 이 세상에 존재하게 된 날이라는 사실도 중요하지만 나라는 존재가 태어나고 성장할 수 있도록 수고와 배려를 아끼지 않은 부모님을 생각하면 더더욱 그렇습니다. 제가 어렸을 때 저의 아버지는 생일을 맞는 자녀들에게 "오늘의 주인공인 너는 물론이지만 낳아주신 네 어머니도 함께 축하받아야 하는 날인 걸 꼭 기억하거라"고 늘 말씀하시곤 하셨습니다. 하지만 나중에 자라 철이 들면서 그날은 어머니뿐만 아니라 그렇게 말씀하시던 아버지 역시 축하받으셔야 하는 날이라는 사실을 알게 되었습니다.

생일 아침이면 미역국과 함께 계란 프라이가 상에 올라 왔습니다. 지금 생각하면 소박하기 그지없는 생일상이었지 만, 당시 우리 6남매에게 그날은 더 이상 바랄 것이 없는 진수성찬이었습니다. 그래서 꼬박꼬박 생일을 기다리곤 했습니다.

요즘은 아이들 생일에 친구들을 불러 아이들이 좋아하는 패스트푸드를 사주고 노래방까지 간다는 이야기를 들었습니다. 아이들이 좋아하는 것을 해주고 싶은 부모 마음이야 이해 못 할 바 없지만, 그래도 너무 편리한 것만 찾는다는 느낌은 지울 수 없습니다. 그런 이야기를 들으면 소중한 자녀의 가치가 몇 분 만에 뚝딱 삼켜버려야 하는 패스트푸드처럼 가볍게 날아가 버리는 것만 같아 안타깝습니다.

아이들이 세상에 태어난 날, 이날을 조금은 더 특별한 날로 만들어주는 것이 좋지 않을까요? 가능하면 가족이 다 함께 모여 진심으로 아이의 생일을 축하해준다면 아이로서는 앞으로 인생을 살아가는데 힘이 될 수 있는 소중한 추억거리를 하나 더 갖게 되지 않을까요?

그런데 문제는 어떻게 하면 자녀의 생일에 오래 기억될 수 있는 소중한 추억거리를 남겨줄 수 있을까 하는 점입니다. 기억에 남으려면 아무래도 조금은 특별한 이벤트를 마련해주면 좋을 텐데, 이게 말하기는 쉬워도 실제로 만들어낸다는 것이 결코 쉬운 일이 아닙니다. 그렇지 않아도 정신없이 바쁜데 이런 데까지 신경을 쓰려니 머리가 아파오는 것도 당연지사입니다.

그래서 제가 약간의 힌트를 드려볼까 합니다. 이것은 제가 실제로 우리 집 아이들 생일날 시도했던 것으로, 경제적이면서도 효과는 제법 괜찮은 이벤트 아이디어입니다. 아빠가 아이들에게 선물하는 '해피 버스 데이 투 유'의 추억!

탄생 1만 일의 감동

딸아이가 대학을 졸업하고 아직 자신의 진로를 결정하지 못해 방황하며 고민하던 때였습니다. 곰곰이 생각해보니 딸아이가 세상에 태어난 지 1만 일째가 되는 날이 멀지 않았다는 것을 알게 되었지요. 부모로서 이 날을 계기로 삼아 힘든 시간을 보내고 있는 딸아이에게 용기를 주고 싶었습니다. 뭔가 좀 색다르고 특별히 기억될만한 날로 만들어주고 싶었습니다. 그래서 좋은 아이디어가 없을까 고심에 고심을 거듭했습니다.

일단은 딸아이의 관련 사진을 모두 모았습니다. 돌 사진부터 시작해서 유치원, 초등학교, 중·고등학교, 대학교 등 찍어 놓은 사진들을 모두 찾아서 한 자리에 놓고 작업에 들어갔지요. 참고로 이런 작업일수록 비밀로 추진하는 것이 좋습니다. '깜짝 이벤트'는 전혀 예상하지 못했을 때 그 극적효과로 인해 놀람과 기쁨이 더 커지는 법이니까요.

딸아이의 탄생 1만 일째 되던 날 저녁, 여느 때와 다름없이 저녁식사를 마치고 슬라이드 쇼를 열었습니다. 아무 설명 없이 딸아이의 성장 과정을 연속된 사진으로 쭉 나열해 보여주었죠. 그렇게 사진들이 쭉 지나가다가 드디어 오늘의 하이라이트 장면이 스크린에 떠올랐습니다.

'축하! 태어난 지 1만 일!'

이 갑작스런 문구에 딸아이는 많이 놀란 모양이었습니다. 놀라기는 다른 가족들도 마찬가지였습니다. 눈물이 고

탄생 일만일 축하 핸드 메이드 카드

인 채 딸아이는 저를 끌어안고 말했습니다.

"아빠, 고마워요!"

아마도 그동안의 마음고생 때문에 더 눈물이 나는 모양
이었습니다. 그런 딸아이에게 선물을 건네주었습니다. 딸
아이의 어렸을 때 사진과 최근의 사진을 이용해 축하 카드
를 만든 후 거기에 1만 원 권짜리 지폐를 한 장 붙여 마무리
했습니다.

마지막으로 독자 여러분에게 깜짝 퀴즈 하나! 딸아이가

카드에 붙은 1만 원 권짜리를 떼어내 용돈으로 썼을까요? 너무 쉬운 문제였지요? 딸아이는 오랜 시간이 지난 지금도 그 카드를 소중하게 간직하고 있답니다.

'10958'의 비밀

이번에는 아들 이야기를 하겠습니다. 어느 해인가 아들의 생일에 있었던 일입니다. 생일 전날 저는 가까운 동네 제과점에 미리 생일 케이크를 특별히 주문했습니다. 이렇게 하루 전에 미리 케이크를 주문한 것은 뭔가 이유가 있을 것이라는 것을 이제는 독자 여러분께서도 아마 짐작하시겠지요?

아들의 생일날 저녁, 퇴근길에 저는 그 생일 케이크를 찾아들고 집으로 들어갔습니다. 맛있는 생일 축하상으로 온 식구들이 식사를 한 뒤, 아들의 생일을 축하해주기 위해 식구들이 거실에 모였습니다. 그러고는 탁자 위에 사들고 들어온 케이크를 포장을 풀어 올려놓았습니다.

포장을 푼 생일 케이크에는 양초가 딱 세 개 꽂혀 있고 케이크의 맨 윗면에는 생크림으로 쓴 '10958'이라는 숫자가 적혀 있었습니다. 이것을 본 아들과 다른 식구들의 눈이 궁금

중으로 가득했습니다.

"자, 깜짝 퀴즈! 이 케이크 위에 쓰인 10958이란 숫자의 의미는 무엇일까? 맞추는 사람에게는 문화상품권을 선물로 주마."

서로 의견을 주고받느라 시끌벅적하던 와중에 "정답!"하는 소리가 터져 나왔습니다. 역시 딸아이가 눈치가 빨랐습니다.

"오빠가 지금까지 살아온 날, 그러니까 오늘 서른 살이니까 오빠가 태어난 지 오늘로 10,958번째 날인 거죠! 맞죠?"

딩! 동! 댕! 아내와 아들은 박수와 함께 탄성을 질렀습니다. 그러고는 숫자에 따라 케이크를 한 조각씩 잘라 나누어 먹는 기쁨이 이어졌습니다.

그렇습니다. 가족의 기쁨은 거창하고 거대한 무엇으로부터 나오는 것이 아닙니다. 작고 소소하지만 함께 누릴 수 있고, 함께 공유할 수 있는데서 나오는 것입니다. 중요한 것은 '관심'입니다. 관심이 있으면 생각하게 되고, 생각하다보면 좋은 아이디어도 떠오릅니다. 물론 아이디어가 잘 떠오르지 않으면 주변 사람들에게 자문을 구할 수도 있겠지요.

어쨌든, 중요한 것은 '관심'입니다. 자녀를 사랑한다면 좀

조각낸 생일축하케이크

더 관심을 갖고 가족을 위한 시간을 가져야 합니다.

사회적인 성공도 물론 중요하지만 가정이 망가진 상태에서 사회적 지위만 높아진들 어떤 행복을 기대할 수 있겠습니까?

가화만사성(家和萬事成)을 강조했던 조상들의 지혜는 삶을 꿰뚫어보는 안목에서 나왔던 소중한 지침입니다. '가족을 위해 시간을 투자하라. 그러면 가장 먼저 당신이 행복해진다'는 말은 우리가 오래도록 간직할 만한 경구입니다.

여기서 잠시 성공적인 가족 생일 이벤트를 위한 몇 가지 팁을 소개합니다.

- 생일 케이크에 숫자 새기는 일은 제과점에 미리 부탁하면 얼마든지 가능합니다. 물론 추가 비용은 없죠. 케이크에 쓴 숫자는 조각으로 자를 것을 생각해 숫자 간격을 조정해 놓으면 좋습니다.
- 1만 일 기념 슬라이드 쇼를 하기 위해서는 약간의 컴퓨터 지식이 필요합니다. 사진을 스캔 받고 슬라이드로 보여주기 위해서는 포토샵, 파워포인트 등 적당한 이미지 관련 프로그램을 이용해야 합니다. 혹시 모르시면 아이들에게 물어보세요. 요즘 아이들은 이런 분야에는 대부분 거의 준전문가 수준입니다.
- 어떤 경우든 가족행사 때는 사진기를 가까이 두고 순간순간을 기록으로 찍어 남겨 두면 두고두고 활용할 수 있어 참 좋습니다.

우리 곡 생일축하 노래

흔히 가족의 생일에는 영어로 된 외국의 생일 축하곡을 부르는 경우가 많습니다. 하지만 저희 집에서는 우리 말 가사와 곡으로 된 생일 축하 노래를 부르고 있습니다. 이 노래는 옛날에 KBS 라디오에서 소개된 것으로, 제가 어렸을 때 저의 아버지로부터 배운 것입니다. '해피 버스 데이 투 유~' 하는 기존의 생일 축하곡보다 순수한 우리말로 된 가사가 한결 곱고 곡도 훨씬 가슴에 와 닿는 것 같아서 좋습니다.

"햇빛처럼 찬란히 샘물처럼 드맑게
온누리 곱게곱게 퍼지옵소서
뜨거운 박수로 축하합니다.
○○의 생일을 축하합니다."

또 한 가지, 가령 회사나 단체의 경우 회사 설립 20주년, 30주년 같은 때 특별한 기념일로 지키듯 저희 가족의 경우에는 매 10년 단위로 끊어 목사님을 모시고 아이들의 열 살, 스무 살 생일을 축하하는 예배를 드림으로써 색다르고 의미 있는 기념일이 되도록 배려하고 있습니다.

새해의 첫 일주일을
특별하게
보내는 방법

새롭게 시작되는 새해의 첫 주는 왠지 가슴이 벅찹니다. 뭐랄까, 지난해 연말 완전히 '제로'로 바닥났던 통장 잔고에 365일이라는 예상치 못했던 돈이 입금된 느낌일까요? 그래서 우리 가족은 새해 첫 일주일 동안은 서로 기도 제목과 자신의 영적 상태에 대해 함께 이야기도 나누고, 자신에게 보내는 '셀프 편지'도 공개하면서 특별한 일주일을 보냅니다.

지난 2000년 새해의 첫 일주일 동안 우리 가족이 함께 시간을 보내면서 서로 발표하고 나누었던 소소하지만 행복했던 시간의 기록들을 소개합니다. 우선은 각자가 자신의 영적 생활에 대해 발표했던 내용입니다.

2000년 새해 첫날은 사랑의교회 안성수양관에서 가족이 함께

나의 큐티 생활에 대하여…

기도가 삶의 최우선이 되는 생활을 하고 싶다. 큐티로 하루를 시작하지 못한 날은 그날 하루가 그냥 쉽게 지나가버리는 것 같다. 자리에서 일어나면 제일 먼저 큐티부터 하고 다른 일을 손에 잡아야 할 것 같다. "조금 후에 하리라"는 그 작은 유혹, 그 함정을 알고 의지를 갖고 끈기 있게 계속 해야 할 것 같다. 무엇이든 생활화한다는 것, 그것이 곧 내것으로 만드는 지름길이니까! 가족들에게 서로 무언의 압력이 되는 것도 나쁘지만은 않겠지. 서로 나태해지지 않도록, 그러나 너무 가식적이 되지는 않도록 하면서…. 가다가 아니 가도 간만큼은 이익이다!

– 엄마 양숙

나의 신앙 생활에 대하여…

늘 그렇듯이, 신앙생활은 언행일치가 잘 되지 않는 부분입니다. 무엇이 옳은지, 무엇이 나에게 가장 좋은 것인지 너무나 잘 알면서도 막상 행동에 옮기는 것은 얼마나 힘이 드는지요…. 아마 '사랑의 하나님'이시기 때문에 마음만 제대로 가지고 있다면 교회 활동 같은 거 열심히 하지 않는다고 무슨 벌을 내리시지는 않겠지…, 하는 생각 때문인가 봅니다.

내 생활에 있어서 신앙생활이라고 말할 수 있는 것은 어떤 것이 있을까요? 우선 아침에 일어나서 경건의 시간을 갖는 것, 기도하고 찬양하고 말씀 묵상하고…, 이런 것들이 포함되겠네요. 주 중에는 간간이 설교 테이프 듣는 것 정도? 토요일에는 청년 2부 예배 빠지지 않는 거, 주일에는 주일예배 가는 것. 아, 새벽 기도회도 있군요. 거기 다녀와서 같이 하는 가족 성경공부도 있구요.

경건의 생활은 '하고 있다'라고 말하기가 참으로 부끄럽게 하고 있습니다. '생명의 삶'과 '매일 성경'으로 하고 있는데요, 겨우겨우 생색내는 정도? '생명의 삶'은 본문도 안 읽을 때가 많아요. 바로 뒷장으로 넘어가서 '말씀 해설'과 '오늘의 묵상'만 읽고 기도하고 마치거든요. '매일 성경'은 더 가관이랍니다. 본문이 예레미야라서 그런지 적용도 안 되고, 의문점도 많고, 안 하느니 만도 못한 것 같다는 생각도 들고….

이전에 'God's Little Devotional Book'이라는 책으로 묵상할 때는 굉장히 좋았던 기억이 납니다. 매일 매일이 새로웠고 하루하루가 즐거웠는데…, 지금 생각하면 부끄럽죠. 이 주일쯤 했나요, 그러고 말았으니…. 제가 일어나는 시간이 불규칙하다보니 경건의 시간도 제대로 못 가지는 것 같습니다. 일찍, 그리고 정해진 시간에 일어나는 것이 중요한 것 같습니다. 그리고 마음을 차분히 가라앉히는데 시간을 좀 더 들여서 열린 마음으로, 겸손한 마음으로 묵상하려고 합니다. 잘 되길 빌어주세요!

토요 예배에 대한 제 태도가 좀 느슨해진 것 같습니다. 이전에는 꼭 가야 한다고 생각했는데, 같은 학년 가운데 잘 나오는 사람이 저 뿐이고, 이래저래 일도 많이 생겨서 한두 번 빠지다 보니 이제는 '안 가도 되는' 모임으로 여기게 된 듯합니다. 아마 주일에 또 예배를 드리기 때문이 아닐까 하는 생각도 해보지만 그건 어디까지나 변명일 뿐입니다. 또 사람들과 많이 친하지 않아서 분위기가 좀 서먹하다 보니 그다지 내키지 않는 것도 사실입니다. 글쎄요, 청년 모임은 큰 교회로 나가 보는 것도 좋지 않을까 하는 생각도 요즘에는 좀 들구요, 어떻게 해야 할지 잘 모르겠습니다.

주일 새벽기도회…, 아직도 억지로 가는 거 다 느끼시죠? 후후…. 억지로 가기는 하지만 그나마 '진짜 가기 싫다'는 마음이 안 드는 것에 너무나 감사하고 있답니다. 새벽에 일어나는 게 짜증나고, 가서는 맨날 졸고, 그렇지만 그렇게라도 계속 나가다 보면 언제인가는 은혜를 받을 수 있을 것이라고 믿고 있답니다. 이전에 명일동 살 때 이모네랑 매일 새벽 운동 가던 때도 그랬으니까요. 새벽에 좀 짜증내도, 예배시간에 졸아도 웃어주시는 여러분께 감사할 따름입니다.

가족 예배, 좋습니다. 너무 좋습니다. 주일 아침 가족 예배는 풍납동으로 많이들 오셔서 마루, 안방, 작은 방까지 꽉 차는 역사가 있기를 바랍니다.(이 부분은 아들이 당시 교회 목사님의 말투를 흉내낸 것입니다. 가족들이 엄청 웃었지요.) 항상 즐거운 모임, 힘이 되는 시간이 되었으면 좋겠습니다.

이렇게 쓰면서 보니 참으로 엉망으로 살고 있네요. 하루하루를 하나님 보시기에 좋은 모습들로 채우기 위해서는 역시 아침 경건의 시간이 가장 중요한 것 같습니다. 경건의 시간이 잘 되면 마음이 하나님의 사랑으로 가득 차서 하루가 즐겁고 평온하거든요. 그렇게 조금씩, 조금씩 변화하면서 나 자신이 변화되었으면 좋겠습니다. 커다란 변화만을 기다리는 것이 아니라 자그마한 하나님의 속삭임에도 즐거워하고 마음이 따뜻해지는 그런 삶을 살았으면 좋겠습니다. 노력할께요. 항상 격려로(꾸짖음은 노 땡큐~) 이끌어주세요.

– 아들 종인

내 신앙의 현 주소

다들 아시겠지만, 저의 신앙 상태를 한 마디로 표현하자면 '무관심'입니다. 무덤덤하고 변화하고자 하는 욕구도 미미합니다. 저는 그냥 믿는 가정의 아이로 태어났다는 게 감사하고, 별다른 회의 없이 나름대로 즐겁게 교회를 다니고 있는 것에 다행이라고 생각합니다.

그런데, 바로 이 점이 문제입니다. 신앙도 성격에 따라 색깔이 다르고 스타일이 다른 거라고 생각했는데 그건 허울 좋은 핑계가 아니었을까 생각합니다. 겉으로 드러나는 모습이 문제가 아니라 '마음의 중심'이 문제일 겁니다. 마음의 중심은 성격이나 스타일과는 무관할 것입니다.

진정으로 하나님을 경외하고, 사랑하고, 알고자 노력하는 사람들의 마음은 똑같이 아름다울 거라고 생각합니다. 그리고 저도 그런 사람이 되고 싶습니다. 이 욕구가 너무 막연하고 태평한 것이 답답할 따름입니다. 큐티를 하지 않으면서도, 성경을 읽지 않으면서도, 십일조를 지키지 않으면서도 멀쩡히 잘 살고 있다는 게 놀라울 따름입니다. 하나님이 언제까지 날 두고 보실 생각이신지, 궁금하고 걱정이 됩니다.

'앞으로는 이렇게, 이렇게 하겠어요'라고 말하기가 꺼려지는 건, 단순히 '말해놓고 또 못 지키면 어쩌지?'하는 마음 때문이 아니라 공연히 그런 다짐으로 스스로를 번거롭게 (?) 만들기 싫은, 너무나 죄악된 마음 때문입니다. 오히려 저 같은 종류의 사람이야말로 단순하고 과격한 다짐 같은 게 필요한지도 모릅니다. 매일매일 큐티하기, 십일조 꼭 지키기, 하루에 성경 한 구절이라도 꼭 읽고 자기. 어디 한 번 지켜봅시다! 이왕 지켜봐 주실 거면 기도도 함께 부탁드립니다.^^

– 딸 종경

그러고는 각자 자기 자신에게 쓰는 편지도 서로 나누었습니다. 이번에는 제가 쓴 편지입니다.

내가 나에게 보내는 편지

김지배 씨에게,

바로 본론으로 들어갑니다. 내게 주어진 주제는 당신의 장점과 단점에 대해 언급하는 것입니다.

먼저 단점입니다. 꾸준하지 못하다는 점입니다. 지속성이 모자란다는 것이지요. 용두사미, 작심삼일로 표현되어도 좋을 그런 끈기 없음을 지적하는 겁니다. 좀 바보스러우리만치, 하나 붙들면 우직하게 끝장을 보는 그런 자세였더라면, 하는 것이 늘 아쉽습니다.

같은 맥락이지만 감정의 기복이 심한 것도 문제입니다. 조그마한 일에도 신경이 예민하게 작동하여 금방 얼굴에 나타나고 말과 행동으로 드러내는 것 말입니다.

두 번째 단점은 교만입니다. 상대주의적 사고로 자기 스스로 남과 견주어 이만하면 그래도… 하는 식의 평가가 꽤나 깊은 교만이라는 병이란 걸 깨달아야 합니다. 은근히 나는 달라야 한다는 우월의식 같은 것 버려야 합니다. 겸손을 배워야 합니다. 겸손을 알아야 합니다. 겸손을 실천해야 합니다.

장점에 대해 언급하겠습니다. 잔재주 부리지 않고 성실한 점입니다. 신뢰할 수 있는 사람이라는 평가를 듣고 있는 점, 구태의연하지 않고 늘 새로운 시각으로 사물을 보려는 자세도 좋은 점이겠구요.

단점과 장점에 대해 간단히 언급했지만, 100점짜리 인생은 없는 법입니다. 모두가 부족하고 모자라기에 인간이 아니겠습니까! 그래서 최선을 다하는 자세가 귀하고 중요한 것이라는 결론이 나오는 거라 믿습니다.

이 글을 마치면서 지배 씨에게 간곡히 부탁합니다. 스스로의 부족함을 깨닫고 하나님에게만 의지하는 삶, 즉 Life of God, Life by God, Life for God의 삶을 통해 하나님의 영광만이 드러나기를 바라고 그 일을 위해 늘 두 손 모아 기도하시길 당부합니다. 안녕히 계십시오. 사랑합니다!

– 김지배 씀

당신을 위해
뜬 720번의 달

'달인들 밤마다 보름이겠소. 초생 달이 차차차 둥글게 되지…'

오래전 제가 중학생일 때 아버지가 우리들에게 가르쳐주신 건전 가요입니다. 그 즈음 아버님은 KBS 라디오에서 나오는 '이 주일의 노래'중 적당한 것을 골라서 우리 6남매에게 가르쳐 주시곤 했는데, 이 노래 역시 그 가운데 한 곡입니다.

달인들 밤마다 보름이겠소
초생 달이 차차차 둥글게 되지

아내여 발맞추어 어서 가자오

그렇지, 우리들은 행복의 임자

이 노래의 제목이 아마도 '행복의 임자'였을 것 같은데, 아버님은 원래 가사 중 셋째 줄 '아내여'를 '형제여'로 바꾸어 우리에게 가르쳐 주셨습니다.

어떤 시인은 하늘에 해만 있었다면 어쩔 뻔 했겠느냐고 노래했다지만, 동서고금을 통해 어디 달을 노래하지 않은 시인이 있을까요? 어쩌면 우리네 인생살이가 흡사 달과 같은 것은 아닐까요? 기우는 듯 하면 만월에 이르고, 만월의 기쁨도 잠시 이내 다시 기울고….

사실 그렇습니다. 달인들 어떻게 밤마다 보름달이고, 인생이 어떻게 매일 웃는 날이겠습니까? 그럴 순 없을 겁니다.

달이 기울 듯, 처녀 때 보름달 같이 둥글고 앳되던 아내의 얼굴이 어느새 만 60세, 그러니까 회갑을 맞았습니다. 아내의 회갑 생일날, 우리 식구는 조촐한 생일 축하 자리를 마련했습니다. 우리집의 이벤트는 일상적 풍경이기도 하지만, 아내의 회갑 생일인데 어찌 그냥 맹숭맹숭하게 보낼 수 있겠습니까?

이벤트의 시작은 역시 생일 케이크입니다. 생일 케이크에는 6개의 촛불과 숫자 '720'이 적혀 있습니다. 이 타이밍에 등장하는 것은 역시 '깜짝 퀴즈'입니다.

"숫자 720의 의미는 뭘까? 이번에도 맞추는 사람에게는 문화상품권이 선물로 주어집니다!"

한참을 바라봐도 쉽게 해답이 떠오르지 않는 모양입니다. 딸이 "어려워요. 조금만 힌트를 주세요!"하며 조릅니다. 힌트라…? "케이크의 표면을 잘 살펴보면 뭔가 보일텐데…."케이크의 둥근 가장자리를 따라 크림으로 둥글게 원이 하나 그려져 있습니다. 숫자 720과 이 둥근 원은 무엇일까요?

역시 딸이 눈치가 빠릅니다. 전에 오빠의 서른 살 케이크때도 문화상품권을 따냈던 딸이 냉큼 "정답!"을 외칩니다. 왠지 이번 문화상품권의 주인도 딸이 될 것 같습니다.

"정답은 보름달! 그러니까 엄마 나이인 60세까지 매달 떴던 보름달이 720번인 거죠? 맞죠?"

상품권의 주인이 아마도 정해져 있나 봅니다.

그날 미국에 살고 있는 딸이 방학을 맞아 함께하며 엄마에게 건넨 생일 축하 카드에는 이렇게 쓰여 있었습니다.

사랑하는 엄마

몸은 떨어져 있어도 마음은 늘 곁에 있었지만,

엄마 얼굴 보고, 엄마 손 잡는 게 이렇게 좋은 걸 보면

오히려 떨어짐이 서로의 소중함을 더 알게 해주나 봐요.

엄마를 60년간 보호해주신 주님께 감사드리고,

엄마를 저의 엄마로 허락해주신 주님께 감사드리고,

지금부터 창창하게 남은 인생을 새롭게 출발하실

엄마를 응원해요! 사랑해요 엄마!

오늘 주인공의 낭군인 저의 축하 메시지입니다.

지켜주신 60년

지켜주실 앞 날

주님이 계시기에

함께 소망을 걸어보자 말 할 수 있고

주님 계시기에

밀물처럼 밀려오는

걱정의 보따리를 향해

STOP! 하고 소리쳐 명령할 수 있지요.

60살의 첫 날

주님의 따스한 음성

부드러운 손길을

깊이깊이 전해 드립니다.

그날 저희는 '햇빛처럼 찬란히'란 생일 축하 노래도 부르고, '달인들 밤마다 보름이겠소, 초생 달이 차차차 둥글게 되지'로 시작되는 '행복의 임자'라는 노래도 함께 불렀습니다. 그렇게 아내의 회갑 생일 밤은 조용히 깊어갔습니다. 서로의 가슴에 따뜻한 온기를 남긴 채….

"네가 네 딸을 진정으로 사랑하느냐?"

　우리는 흔히 자녀를 사랑한다고 말합니다. 눈에 넣어도 아프지 않고 그 아이를 위해서 목숨이라도 바칠 수 있다고 말합니다. 그런데 정말 그럴까요? 잠깐, 오해가 없길 바랍니다. 이 말은 부모가 자녀를 사랑한다는 것이 거짓이라거나 목숨이라도 바칠 수 있다는 말을 의심한다는 뜻이 아닙니다. 그 사랑이 진정으로 '자녀를 위한 사랑'이냐는 말입니다.

　부모들이 자주 저지르는 실수 중의 하나는 일방통행식의 사랑을 한다는 것입니다. 내가 자녀를 얼마나 사랑하는지에만 초점을 맞추지 과연 이 사랑이 정말로 자녀를 위한, 자녀의 입장에서 함께 공감하고 느낄 수 있는 사랑인지에 대해서는 자주 잊어버린다는 말입니다. 그러다보니 나는 그 아이를 진정으로 사랑하는데도 불구하고 아이는 자꾸 나의 사랑을 '배신'해서 상처입고 속상하다는 푸념이 나오게 되는 게 아닌가 싶습니다.

저 역시 그런 실수를 저질렀습니다. 그 실수를 깨닫게 된 계기는 대학생이 된 딸의 작은 일탈을 통해 찾아왔습니다. 그 일로 개인적으로는 많은 상처를 받았고 고민도 많이 했습니다. 하지만 기도 중에 깨달은 것은 저의 사랑이 '일방통행적 사랑'이었다는 부끄러움이었습니다. 이 '부끄러움'으로 나의 이야기를 시작하고자 합니다.

딸아이는 한사코 싫다는 것이었습니다. 다니고 싶지 않다는 것이었습니다. 부모님이 원한다는 것 외에 내가 왜 이 학교에 다녀야 하는지 잘 모르겠다는 말이었습니다. 청천벽력과도 같은 말을 표정하나 변하지 않고 태연히 쏟아내는 딸아이가 무섭기까지 했습니다. '얼마나 싫으면 이럴까' 하는 생각보다는 '얘가 지금 제 정신인가?'하는 감정이 앞섰습니다. 혹시 무슨 말 못할 다른 이유가 있는 것은 아닐까 하는 의심도 들었습니다.

지옥 같은 하루하루

어느 날, 학교에서 학사경고장이 날라 왔습니다. 그것을 받고 비로소 알게 된 딸아이의 학교생활은 정말 '충격'이었습니다. 저로서는 도저히 상상도 할 수 없는 일이었습니다. 아침이면 멀쩡하게 학교 가겠다고 집을 나선 후에는 하염없이 거리를 배회하며 시간을 죽이거나, 친구랑 어울려 놀러 다니기도 하고, 용돈이 궁해지면 아르바이트를 하기 위해 커피전문점 같은 데를 찾아다니기도 하고….

주변 사람들은 다 저를 부러워했습니다. 딸아이가 다니는 학교 이름만 말해도 "좋겠다"를 연발했습니다. 저 역시 겉으로 내색은 안했지만 그런 딸아이에 대해 내심 묘한 자부심 같은 것을 가지고 있었습니다.

아내는 충격으로 몸을 제대로 가누지 못했습니다. 저 역시 하늘이 노랗게 보였습니다. 쉴 새 없이 한숨만 나오고, 내가 인생을 헛 산 것은 아닐까 하는 자괴감에 괴로웠습니다. 그러나 무엇보다도 힘들었던 것은 그런 딸아이를 어떻게 다루어야 할지를 정말로 알 수 없다는 사실이었습니다. 다 큰 아이를 때릴 수도 없었고, 누가 알까봐 창피하다는 생각만 들었습니다. 정말 하루하루가 지옥 같았습니다.

그런 와중에도 저는 마냥 '고상'했습니다. 딸을 불러 앉히고는 두 가지를 말했습니다. 그간의 자초지종을 담은 시말서(始末書)를 써오라는 것과 젊은 대학생들에게 인기가 많았던 어느 목사님의 특강 테이프(두 시간짜리) 다섯 개를 주면서 이걸 대학 노트에 녹취하라는 제법 '멋진(?)'벌을 내렸던 것입니다. 말하자면 교양 있게 대처한 셈이었습니다.

마음속에 떠오른 질문

그러나 속으로 저는 울고 있었습니다. 아버지라는, 나이 든 남자라는, 그런 체면만 없었으면 딸아이 앞에서 울었을지도 모릅니다. 딱히 할 수 있는 것이 없었습니다. 새벽마다 예배당에 앉아 딸의 온전한 삶을 위해 눈물로 기도했습니다. 우리 주님이 우리 딸아이를 긍휼히 여겨주시기를, 딸아이가 자신의 잘못을 깨닫고 온전한 주님의 자녀로 살아갈 수 있기를 간구했습니다.

"주여, 우리 딸을 변화시켜 주옵소서!"

그러던 어느 날 새벽이었습니다. 그날따라 기도가 잘 나오지를 않았습니다. 그래서 그냥 입버릇처럼 "주여, 주여…"만 반복하고 있었는데 갑자기 마음속에서 한 가지 질문이 떠올랐습니다. '네가 네 딸을 사랑하느냐?'는 질문이었습니다. 저는 너무도 당연한 걸 새삼 무슨 소리냐 싶어 무시하려는데, 다시 마음속에서 똑같은 질문이 던져졌습니다. '네가 네 딸을 사랑하느냐?' 저는 "당연히 사랑하죠!"라고 큰소리를 쳤는데, 그 질문이 다시 이어졌습니다.

'네가 진정 네 딸을 사랑하느냐?'

그런데, 그런데… 이게 도대체 무슨 일입니까? 갑자기 말문이 막혔던 것입니다. 자신이 없어졌습니다. 나는 정말로 내 딸을 사랑하고 있나? 불현 듯 의구심이 가슴을 가득 채웠습니다. 어찌된 일인지 아닌 것 같다는 불안한 의심이 마음 저 깊은 구석에서부터 똬리를 틀기 시작한 것입니다. 기도할 때는 '주님이 선물로 내게 허락하신 딸'이라고 그럴듯하게 말했지만, 사실 저는 제 방식대로, 제 멋대로 딸을 사랑한 것이 아닐까 하는 의심이 마음을 점령한 것입니다.

그리고, 그것은 제 이기적인 사랑이었지 주님의 사랑은 아니었다는 깨달음이 찾아오는 데는 그리 긴 시간이 걸리지 않았습니다. 눈물이 쏟아졌습니다. 그랬구나, 그랬구나…! 나는 내 딸을 온전히 사랑한 것이 아니었구나! 뒤늦은 깨달음과 부끄러움이 왈칵 눈물이 되어 쏟아져 내렸습니다. 오래전 일이라 그날 제가 뭐라고 기도했는지 그 상세한 내용은 기억할 수 없지만, 다만 기억하는 것은 가슴 저린 후회와 회개의 기도였습니다.

저로 인해 상처받고 외로워했을 딸의 아픔들이 오버랩되면서 제대로 아비 노릇을 못한 저 자신에 대한 회개의 눈물만 줄줄 흘리며 앉아 있었습니다.

'저를 포기하지 말아주세요'

그날 이후 저의 기도제목은 완전히 달라졌습니다. 딸이 아니라 '저를 변화시켜 주소서'하고 기도하게 되었던 것입니다. 그동안 부모를 속이면서까지 방황해야 했던 딸아이의 마음을 생각하니 가슴이 너무 아팠습니다. 그 마음이 얼마나 괴롭고, 얼마나 외롭고, 얼마나 힘들었을까…. 한없이 미안했고, 결국은 그 모든 것이 다 제 탓이었습니다!

시말서의 끝부분에 딸은 이렇게 썼습니다.

'부모님, 저를 포기하지 말아주세요.'

그날 저녁 저는 딸을 불러 꼬옥 안아주었습니다. 뜨거운 눈물이 제 볼을 타고 주루룩 흘러 내렸습니다.

"종경아, 이 아빠를 용서해다오. 포기라니? 너는 내가 사랑하는 내 딸이다. 누가 뭐래도 넌 내 새끼다. 기죽지 말아라."

딸과 저는 서로를 껴안고 울고 또 울었습니다.

그 뒤 딸은 약속한 대로 학부를 마치고 석사 과정까지 무사히 마쳐 우리 집에서 아내와 아들에 이어 세 번째 석사모를 쓰게 되었습니다. 그 뒤로 저는 자주 저 자신에게 묻습니다.

"너는 진정 네 자녀를 사랑하고 있느냐?"고.

제2장
온 가족이
함께 만드는 사랑

사랑하는 아버지, 어머니! 학교에서 상장을 두 개나 받고 집으로 향하는 내 발걸음이 얼마나 가벼웠던지요. 상장을 받았다는 것도 즐거운 일이었지만, 아버지 어머니께 자랑을 할 수 있고, 아버지 어머니께서 기뻐하시는 얼굴을 볼 수 있는 게 더 즐거워서였겠지요.

잘 모르실는지 몰라도 저는 아버지 어머니께서 웃으시는 것만으로도 행복하답니다. …

저도 이제 많이 컸으니까 아버지 어머니의 말씀을 마음속으로 새겨듣고 공부 열심히 할게요. 그럼 소녀, 이만 연필을 놓겠사옵니다.

— 아버지 어머니의 사랑스런 딸 종경 올림.

A Father's Love Song for Family!

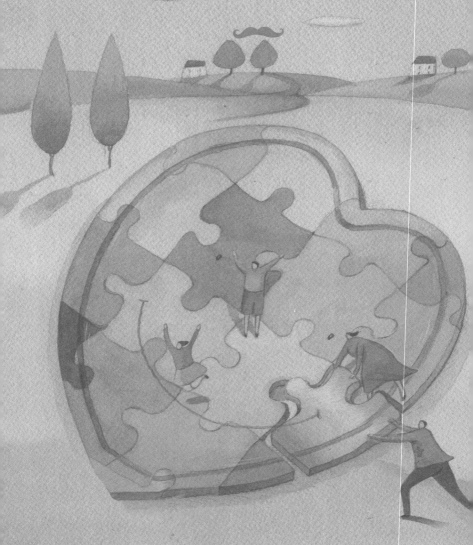

우리 가족
10대 뉴스

   우리 집에서는 매년 12월이 되면 가족들 나름대로 '우리 가족 올해의 10대 뉴스'를 선정합니다. 결혼기념일이나 생일같이 매년 돌아오는 기념일은 제외하고, 그 해에만 있었던 특별한 사건들을 되짚어 보는 것이지요.

   그런데, 각자가 완성한 목록을 서로 돌아가며 나누다 보면 별의별 내용이 다 나옵니다. '할아버지 90회 생신 기념 가족 크루즈 여행', '아들의 졸업', '아내의 박사 논문 완성' 등 모두가 공감할 수 있는 뉴스도 있지만, '내가 1년 동안 구두를 한 켤레도 구입하지 않은 것', '아버지와 어머니가 1등급 닭살 부부가 된 것' 등 다소 엉뚱하고 귀여운 뉴스들도 등장합니다.

　그것뿐만이 아닙니다. '동생이 생일선물 안 주고 어물쩍 넘어간 것', '오빠가 교통위반 딱지를 가장 많이 받은 것'등 고발성 뉴스도 종종 나오지요.

　이런 시간을 통해 우리는 지난 한 해 어떤 일이 있었는지, 또 그 사건을 통해 얻은 것은 무엇이고 감사할 것은 무엇인지 잠시 생각해 볼 기회를 갖습니다. 그리고 함께 앉아 각각의 뉴스의 중요도를 검증해 10대 뉴스를 선별하고, 그중 가장 많은 10대 뉴스를 낸 사람에게는 문화 상품권이 부상으로 주어집니다.

　여기에 소개하는 것은 부모님과 가족에게 보내는 성탄 카드에 '우리집 10대 뉴스'를 곁들인 편지입니다. 연말, 온 가족이 함께 모여 이런 작업을 해보면 지난 1년을 정리하며 좋은 추억을 공유하는 뜻깊은 자리가 될 수 있습니다.

　특별히 한 해를 보내면서, 부모님, 가족여러분 그리고 저 자신을 향하여 이 글을 쓰려고 합니다. 방송이나 신문에서 한 해의 주요뉴스를 정리하듯 저희 집에서도 올해의 10대 뉴스를 뽑아보았습니다.

한 해를 되돌아볼 수 있어 의미있고 감사한 시간이었습니다. 그 내용을 송년인사 겸 전합니다.

1. 부모님의 금혼예식

우리 가족 모두가 동의하듯 저희 집의 이 한 해 톱뉴스 중 최고 뉴스는 지난여름 부모님의 결혼 50주년 기념 금혼예식이었습니다. 온 가족이 한마음 한뜻으로 부모님을 위해, 기도로 준비하고 물질로 도와 성공적으로 큰일을 잘 치르게 된 것을 먼저 하나님께 감사드립니다.

지금 이 글을 쓰면서 4남 2녀 여섯 형제자매의 얼굴을 떠올려 봅니다. 생각하면 생각할수록 모두가 고맙고, 정말 감사할 수밖에 없다는 걸 숨길 수 없습니다. 오래전, 누나가 미국으로 건너간 이래 온 가족이 다 성인이 되어 함께 만날 수 있었다는 사실과, 사랑하는 부모님의 반백년 결혼 생활을 함께 축하드릴 수 있었다는 사실은 실로 살아계신 하나님 아버지께서만이 특별히 주실 수 있는 큰 축복이 아니고 무엇이겠습니까!

인간적으로 볼 때 아쉽고 미흡한 데가 전혀 없는 것은 아니지만, 다음 60주년 회혼식 때는 더 잘 할 수 있는 좋은 경험이 되어준 것이라고 스스로 위안해 봅니다.

2. 작은형의 장로 장립

목회자였던 할아버지의 뒤를 이어 목사 두 분과 장로 세 분이 배출되었습니다. 그리고 올해 드디어 네 번째 장로가 탄생했습니다. 1대에 목사 한 분, 2대에 목사 한 분과 장로 두 분, 3대에 목사 한 분과 장로 두 분, 이렇게 후손들이 선조의 신앙의 맥을 잇고 있다는 것은 큰 기쁨이요, 영광이 아닐 수 없습니다. 앞으로 인배형, 지배, 광배 그리고 이미 장로로 장립된 큰 매형에 이어 작은 매형까지 오래지 않아 다 장로로 장립될 수 있기를 기대해 봅니다.

3. 저의 고질병 수술

잘 아시다시피 고등학교 때부터 오랜 지병이었던 치질을 지난 2월 수술했습니다. 무려 20여년을 끌어오던 '육체의 혹'을 마침내 말끔히 떼어낸 것입니다. 치질은 앓아본 사람만이 아는 것이지만, 그 불편과 아픔을 질질 끌며 고생한 걸 생각하면 지금의 상태가 실감이 나질 않습니다.

수술하러 갔을 때 담당의사가 제게 이렇게 말했습니다.

"선생, 이런 상태로 어떻게 그동안 지내셨소? 선생은 독한 거요 아니면 둔한 거요?"

잊혀지지 않는 명언입니다. 날아갈 것 같고, 살 것 같은 기분에 거듭 감사를 드렸습니다. 모두 건강하십시오!

4. 신앙생활의 변화, 새벽 부흥회

저희 아파트에서 가까운 곳에 한 대형 교회가 있습니다. 이 교회에서는 1년에 두 번, 즉 3월과 9월에 한 달간 부흥회를 계속합니다. 예배 인도는 담임목사님이 직접 하는데, 특징은 새벽에, 그것도 사람이 많아 1부와 2부로 나눠서 드린다는 겁니다. 게다가 연초 3일간 열리는 신년 특별성회도 새벽집회로 열립니다.

올해에는 한 해의 시작을 신년 새벽집회로 시작하여, 3월과 9월의 부흥회에도 빠지지 않고 모두 참석했습니다. 하나님의 특별한 은혜였습니다. 특히 지난 7월, 우리 가정의 큰 행사를 앞두고 100일간의 새벽기도 제단을 쌓은 경험은 부족하지만 제게는 드문 일로, 영적으로 큰 힘이 되었습니다.

5. 찬송가의 '새 맛'

이전에도 드물게 찬송을 부르다 눈물을 흘리는 경험을 하기는 했지만, 올 한 해는 유난히도 찬송을 부르며 많이 울었습니다. 흐르는 눈물을 주체하지 못해 조금은 당혹스럽기도 했지요. 일일이 그 찬송가의 장 수를 다 밝힐 수는 없지만, 익히 알고 자주 부르던 찬송이었음에도 불구하고 '아, 이런 가사의 찬송이 있었구나!' 할 정도로 새롭고 달콤하고 감동스럽고 벅찬 감동과 은혜를 받았습니다. 가령, '지금까지 지내온 것 주의 크신 은혜라(460장)'같은 찬송의 3절까지의 가사를 보십시오. 아, 이 찬송이 어쩌면 이리도 은혜로운지요. 93장, 102장, 327장…. 제가 열거한 것뿐이겠습니까? 찬송가 전체가 다 그럴 겁니다. 할렐루야!

6. 교회 직분 맡기

전에는 매년 성가대나 대학부를 맡으라고 권유를 해도 늘 미루기만 했는데, 지난 12월 초 제 발로 찾아가 '저 자신 공부도 할 겸 고등부 반사를 하겠습니다'고 말해 버린 저 자신을 보게 되었습니다. 누가 특별히 강요한 적도 없었는데 이 어찌된 일일까요?

7. 새벽 가족 운동

가을이 시작되면서부터 지금까지 몇 달 째 우리 네 식구가 새벽에 일어나 학교 운동장에서 달리기, 줄넘기, 체조 등 운동을 실시하고 있는 것도 올해 저희 집의 주요 사건(?)으로 꼽힐 만합니다. 운동 덕인지 몰라도, 평소에는 수돗물만 손에 닿아도 피부가 빨개지던, 특히 약간의 찬 공기에도 피부가 버티지를 못해 얼굴이 빨갛게 부풀어 오르던 종경이 엄마가 요즘은 영하 10도 가까운 추위에도 견딜 수 있게 되었답니다.

8. 아내의 일본여행

아내는 12월 15일부터 1주일 간 모 언론사가 주관한 '일본 속의 한국역사 기행'에 참가해 짧게 일본을 다녀왔습니다. 단체 여행이어서 큰 비용이 안 들었고, 그나마 처가 식구들이 '지배가 허락한 것이 대견하다'는 의외의 과찬 속에 상당액을 지원해 주어 가능했습니다. 평소 일본어를 같이 배운 친구들 가운데 그 누구도 남편의 허락을 받아내지 못한 탓에 '김지배 씨 최고'라는 평을 듣기도 했습니다.

하지만 글쎄요, 왜 그게 '최고'라는 칭찬을 받아야 하는

지는 사실 잘 이해하기 어렵습니다. 저는 사실 기회만 생긴다면 다소 무리를 해서라도 해외여행을 통해 시야를 넓히는 것이 도대체 나쁠 게 뭐가 있느냐는 생각이었습니다. 그래서 그 이야기를 듣자마자 곧 'OK'했던 것 뿐인데 어쨌거나 종경 엄마가 저희 집 최초의 해외여행자가 되는 기록을 세웠습니다.

9. 그 외의 뉴스들

이 해를 보내며 그 외에 떠오르는 단상과 기억나는 사건들이 어디 하나 둘이겠습니까마는 어쨌든 생각나는 대로 몇 가지만 순서 없이 추려보겠습니다.

- 근래의 일인데, 종인 군이 교내 글짓기 대회에서 당당하게 특선을 차지했다는 사실을 알고 놀랐습니다. 글짓기 솜씨가 보통 이상이라는 것은 대충 알고 있었지만, 특선을 차지한 그 글의 내용이 다시 한 번 우리를 놀라게 했습니다. 산타할아버지가 존재하지 않는다는 사실을 깨닫게 된 개인적인 경험을 묘사한 글이었는데, 선생님 말씀이 심사위원 9명 전원이 모두 최고점을 주었다고 합니

다.(원고가 되돌아오는 대로 복사해서 부모님께라도 보내드리렵니다.)

• 아울러 어머님의 편지를 통해 알게 되었지만, 우리 종욱이가 팔을 다친 것과 그 일로 인해 오히려 큰형이 감사헌금을 했다는 이야기는 참으로 신선한 충격이었습니다. 제가 진정으로 하고 싶은 감사 생활의 모범이 바로 큰형이 이번에 보여준 그런 자세라고 믿습니다. 왼손이 다쳤을 때 오히려 오른손이 안 다친 것을 감사할 수 있는 자세! 그것이 진정한 감사의 자세라고 생각합니다.

• 다음은 제가 우리 회사 사장님의 내년도 신년사를 쓰기 위해 고심하고 있다는 개인적 뉴스입니다. 그게 뭐 대단하냐구요? 물론 생각하기 나름, 보기 나름이겠지만, 한 사람이 1975년 이후 만 15년을 한 해도 거르지 않고 자기 소속 단체장(長)의 신년사를 쓴다는 일, 글을 잘 쓰고 못 쓰고를 떠나 이런 기록이 흔하진 않을 것 같아서 자랑도 할 겸 토막뉴스로 하나 넣어 보았습니다.

지금까지 두서없이 글을 적으며 한 해를 마감하다보니 한 가지 분명하게 깨닫게 된 사실이 있습니다. 바로 제가 현실에서 '10'이라는 수고(?)를 했다면, 하나님이 주시는 보살피심과 축복은 '1천'이요 '1만, 10만, 100만 이상'이라는 것입니다. 어리석어 넘어지기도 하고, 세상 염려에 마음이 뺏겨 충성되지 못했음에도 언제나 넘치도록 채워주시는 하나님의 은혜를 어떻게 다 감사할 수 있을지요…. 이 한 해 저희 온 가정 위에도 하나님께서 같은 은혜를 부어 주셨음을 믿습니다. 사람의 생각 안에 머물 때는 늘 어둡지만, 그럼에도 불구하고 하늘의 뜻과 인도하심은 저 어두운 구름 위에 빛나고 있을 태양과 같습니다.

주여, 진정으로 감사하는 삶을 살게 하소서!

끝으로 한마디 더 덧붙이려는 것은, 올해 받은 벅찬 축복을 통해 깨달은 사실인데요, 저 자신이 이제는 내적으로 변화되어야 한다는 것입니다. 제 안, 즉 제 마음이 새로워짐으로써만이 모든 것이 새로워질 수 있다는 것, '집'이 사랑이 넘치는 '가정'으로 변화하고, 외적으로야 언제나 똑같지만 답답하기만 하던 직장도 다닐 만한 직장으로 바뀌는, 그야말로 모든 것이 감사의 대상이 되는 이런 변화가 저 자신의 변화를 통해서만 가능한 것이라는 깨달음이었습니다.

말해 놓고 보니 공자 앞에서 어설프게 문자를 쓰고 있는 꼴이 되었습니다. 어쨌든, 가족 여러분! "Merry Christmas and a Happy New Year!"

소녀, 이만
연필을
놓겠사옵니다

저는 아이들이 매년 어버이날 보낸 편지들을 모아놓았습니다. 아직은 어린아이들이어서 그 내용이 조금 유치할 수도 있지만, 시간이 흘러 나중에 다시 읽어보면 그처럼 가슴 뭉클하고 따뜻한 경험도 없답니다.

지금도 종종 아이들의 어릴 때 모습이 그리울때면, 차 한 잔을 마시며 소중히 간직해 온 편지들을 꺼내어 한 장 한 장 읽다 보면 그 시절이 생생하게 되살아납니다.

다음은 딸아이가 11살 때 보내온 편지와 아들이 13살 때 보내온 편지입니다. 평소 '아빠, 엄마'라고 부르며 어리광도 피우던 아이들이 제법 의젓하게 무게를 잡아 더욱 귀엽고 웃음이 나는 편지들이지요.

마음 속 깊이 사랑하는 아버지 어머니께,

며칠 전 일이 생각납니다.

학교에서 상장을 두 개나 받고 집으로 향하는

내 발걸음이 얼마나 가벼웠던지요.

상장을 받았다는 것도 즐거운 일이었지만,

아버지 어머니께 자랑을 할 수 있고, 아버지 어머니께서

기뻐하시는 얼굴을 볼 수 있는 게 더 즐거워서였겠지요.

잘 모르실는지 몰라도 저는 아버지 어머니께서 웃으시는

것만으로도 행복하답니다.

그러니 아버지 어머니와 같이 자거나, 같이 시장에 가는 게

저한테 얼마나 행복한 일인지 아시겠지요?

아버지 어머니, 저를 지금까지 길러주시느라 얼마나

힘드셨어요? 저는 요즘 아버지 어머니가 너무 좋아요.

핑계로 들리실지 모르겠지만 편지지가 너무 좁아서

제 큰마음을 다 표현하지 못하겠어요.

죄송해요. 저도 이제 많이 컸으니까 아버지 어머니의

말씀을 마음속으로 새겨듣고 공부 열심히 할게요.

그럼 소녀, 이만 연필을 놓겠사옵니다.

1990년 5월 7일, 아버지 어머니의 사랑스런 딸 종경 올림

어머니 아버지께,

매년 이맘 때 쯤이면 저는 꼭 이런 편지를 썼지요.

내용은 공부를 열심히 하겠다느니, 부모님의 말씀을 잘 듣

겠다느니….

그런 말을 쓰기는 했지만 잘 지키지를 못했지요.

변명이라면 변명이지만, 그때는 아직 어린 티를 못 벗어난

저였잖아요. 비록 1년도 채 안 지났지만

저는 제가 중학생이라는 사실에 긍지를 느껴요.

국민학교 때와는 달리 결심을 하면 좀 지켜보려고

노력도 하니까요.

어머니 아버지께서는 이제 걱정하지 마세요.

앞으로는 부모님께서 신경을 많이 쓰시는 성적을 올리면

올렸지 제 스스로 끌어내리지는 않도록 노력할 거니까요.

지금까지 쓴 걸 보니 꼭 반성문 같아요.

한 가지만 부탁드릴게요. 제게 공부하라고 말씀하실 때

제게 조용히 타일러 주시면 기분도 좋고

공부도 잘 되거든요.

저는 이제 국민학생이 아니라 중학생이니까요!

앞으로는 공부든 운동이든 모든 일에 최선을 다하는,

하지만 동생과 싸울 때는 한 걸음 양보하는

그런 중학생다운 행동을 하겠어요.

지금까지는 속으로만 '부모님의 은혜는 크다'고 생각했지만

이 편지를 쓰면서 생각해보니 제가 이 편지를 쓸 수 있는

것도 지금까지 부모님께서 저를 돌봐주셨으니

쓸 수 있는 것 아니겠어요? 지금까지 속 썩여드린 것,

흰머리 만든 것 제가 다 하나씩 보답하겠어요.

없는 솜씨에 이런 편지 써서 좀 어색할지 몰라도

제 진심과 정성이 담겨 있어요.

이 편지로 부모님의 가슴이 조금이나마

기뻐지고 감동한다면 저는 그 사실만으로도

세상에서 가장 맛있는 음식을 먹은 것보다 만족해요.

부모님께서 기뻐 받아주실 줄 믿고 이만 줄이겠습니다.

1990년 5월 3일, 아들 종인 드림

퀴즈와
퍼즐로
여는 새해

갈수록 가족이 한 자리에 모이는 것이 어려워지고 있습니다. 아이들이 클수록 상황은 점점 더 어려워집니다. 아버지는 아버지대로, 자녀는 자녀대로 너무 바쁩니다.

가족을 '밥상 공동체'라고 합니다. 그러나 '한 상에 둘러앉아 먹고 마시는' 일조차 쉽지 않습니다.

이런 절실함은 해가 바뀌는 연말연시에 더 깊어집니다. 더욱이 외국이나 타지에 살던 가족이 함께 모여 지낼 수 있다면 얼마나 기쁜 일이겠습니까. 저희 가족이 새해를 맞이해 함께 가졌던 소중한 경험 중 하나를 소개해볼까 합니다.

작전명 : '11번째 계명을 찾아라'

의미 없는 새해는 없지만, 특별히 2009년은 우리 가족에게 더 뜻 깊은 해였습니다. 미국에 살던 딸이 연말쯤 한국에 나와 우리 네 식구가 함께 송구영신을 할 수 있었기 때문이지요.

이 일을 위해서는 약간의 시간이 필요했습니다. 그래서 11월부터 '작전'에 돌입했습니다. 프로젝트 명이 '11번째 계명을 찾아라'인 만큼 11월 11일 전 가족에게 메일을 보내는 것으로 첫 발을 내디뎠습니다. 다음은 11월 11일 제가 가족들에게 보낸 메일의 내용입니다.

보낸이 : 아버지

제목 "홈 퀴즈, 11번째 계명을 찾아라"

나의 10계명 + @

1. 주일을 거룩하게 지키며 열심히 예배를 드린다!

2. 날마다 성경을 읽고 실천한다!

3. 매일 하나님께 기도한다!

4. 하나님께 순종한다!

5. 어떤 경우에도 하나님이 나를 사랑하신다는 것을 믿는다!

6. 하나님의 은혜를 기억하고 감사의 생활을 한다!

7. 약하므로 하나님의 도우심을 의지한다!

8. 하나님께만 영광을 돌린다!

9. 모든 사람이 하나님 안에서 평등하다고 믿는다!

10. 형제를 사랑하고 이웃을 사랑하라는 주님의 명령을 실천한다!

11. 하나님의 진리와 정의가 이 땅에 실현되도록 기도한다!

안녕?

오늘은 11월 11일! 지난 1971년 공군 소위였던 내가 양숙 씨의 대학 졸업 앨범 사진을 받던 날이다!

올해 11-11 선전 문구엔 이런 것이 또 등장했더구나! '이날 사랑을 고백하지 않으면 코가 길어진다'. ㅋㅋ 아무튼, 매년 우리가 가던 명동의 돈가스 집이 문을 닫아 오늘 저녁에는 어느 맛집으로 가야할지 고민 중이다.

이번 달에는 외할아버지 2주기 추도예배가 23일 서초동에서 있다. 미국 시애틀의 할아버지는 고령이신 탓에 조금 힘든 수술을 받으시고 요양 중이시고, 올 가을 한 달도 넘게 한국에서 집회를 한 큰고모 내외가 오늘 아침 미국으로 들어가신다. 이렇게 저렇게 11월이 가고나면 올 해도 굿바이구나. 어쨌든 그 마지막 달 뒷자락에 종경이가 귀국해 서울로 오는 것이 내게는 큰 기쁨이다.

이 11월에, 그것도 11일에 맞춰 아버지가 가족 모두에게 작은 퀴즈 선물 하나 낸다. 상품은 기대에 어긋나지 않을 거다.

첫째, 위에 적힌 '나의 10계명'의 출처는?

둘째, 본래의 계명에 추가된 하나의 항목(+@)이 있는데, 몇 번일까?

셋째, 아빠가 덧붙여 완성한 제 11계명에 한 계명을 더 추가해 12계명으로 만든다면 나는 그 내용을 어떻게 정하겠는가?

이 세 가지 질문에 대한 답을 11월 안에 내게 메일로 보낼 것. 시상은 밝아올 새해 첫날, 우리의 'Family day'에!

이렇게 홈 퀴즈를 내자 답신이 메일로 도착하기 시작했습니다. 그런데 그 사이 퀴즈가 너무 어렵다는 일부 불평이 있어서 힌트를 주기 위한 추가 메일을 한 통 더 발송했습니다.

내가 낸 홈 퀴즈가 어렵다는 일부 불평(?)이 있었다. 생각해보니 그럴 것 같기도 하다 싶어 힌트를 준다. 착한 아빠지? 모든 것이 알면 쉽고 모르면 어려운거지! 그 십계명은 미국의 어느 유명한 정치인의 십계명이란다. 원본은,

1. 나는 주일을 거룩하게 지키며 열심히 예배를 드린다!
2. 나는 날마다 성경을 읽고 실천한다!
3. 나는 매일 하나님께 기도한다!

이런 식으로 앞에 '나는'이 있다. 자, 모두 모두 홈 퀴즈에 참여하여 은혜도 받고 상도 받자! 참고로 참가상도 있음!

아들, 딸, 아내의 순서로 답을 보내왔습니다.

보낸이 : 김종인

제목 : 퀴즈 답

1. 링컨의 10계명.
2. 다섯 번째 계명, '어떤 경우에도 나를 사랑하심을 믿는다.'

3. "하나님께서 나를 이 세상에 보내신 이유를 알고 매일 최선을 다한다."

시상식을 기대합니다…. ㅎㅎ

사랑하는 아들

보낸이 : 김종경

제목 : 퀴즈 '정답'

1. 출처 : 링컨 대통령의 신앙 10계명!

2. 추가된 항목 : 느낌으로 맞췄는데, (제가 아빠를 좀 아니까요) 5번 '어떤 경우에도 하나님이 나를 사랑하신다는 것을 믿는다!'. 아마도 저를 위해 넣어주신 문항이 아닐까 생각해요. 고마워요 아빠!

3. 12번째 계명은 : "나는 하나님의 때와 방법이 완벽하다는 것을 믿는다!"

보낸이 : 김양숙

제목 : 퀴즈 응모

또 내가 제일 늦었남유? 가족을 한마음으로 모아 생각하도록 해주신 것에 감사! 가족 한 사람, 한 사람에 대한 고마움을 뒤늦게 제대로 깨달아가네요!

〈퀴즈정답〉

1. 링컨

2. 5번

3. 사랑의 하나님이 모든 것을 합력하여 선으로 이루어 주
   실 것을 굳게 믿는다.

11월이 채 지나기도 전에 홈 퀴즈의 답이 모두 도착했습
니다. 아시겠습니까? 사실 이것은 오직 경험해 본 사람만이
알 수 있는 것입니다. 출제자의, 아니 한 가정의 아버지로
서 느끼는 이 행복감 말입니다. 아내에게서 온 '또 내가 제
일 늦었남유?'로 시작하는 메일을 읽으며 가슴 한가득 고여
오는 기쁨과 눈물을 숨길 수 없었습니다. 그 눈물 속에는 제
가 사랑하는 우리 가족 구성원 한 사람, 한 사람의 얼굴이,
그리고 새해 첫날 시상식 때 상을 받으며 기뻐할 그들의 모
습이 담겨 있었습니다.

우리 기쁜 '패밀리 데이'

드디어 새해 첫 날, 오랜만에 우리 네 식구가 한자리에 둘러앉았습니다. 저녁만찬 후 진행될 우리 '패밀리 데이'의 스케줄은 이랬습니다.

1. 세배
2. 촛불 들고 개인별로 지난해 감사했던 일 고백하기
3. 새해 소망 한 가지씩 큰 종이에 구체적으로 써서 소개하기(사진 촬영)
4. 성경 퍼즐 단체전
5. 홈 퀴즈 시상식
6. 예배 – 축복 기도(촛불 장식)
7. 시애틀 할아버지께 전화로 세배

먼저, 아이들로부터 세배를 받고 덕담을 나누었습니다. 그러고는 함께 지난해의 감사 내용을 나누었습니다. 이어 새해 소망 한 가지씩을 적은 커다란 종이를 앞에 들고 찰칵, 사진 인증 절차까지 마쳤습니다. 우리 사이를 감도는 잔잔한 행복감은 일종의 '보너스'였습니다.

특히 이날 성경 퍼즐 단체전은 박진감이 넘쳐 온 가족을 흥분의 도가니로 몰아넣었습니다. 기독교 백화점에서 구한 퍼즐판은 '물이 포도주가 되었어요'와 '큰 물고기가 요나를 삼켰어요'였습니다. 초등학생용이었지만, 70개 조각짜리로 해서 난이도를 맞추었습니다. 두 명씩 팀을 나눠 경쟁을 했는데, 서로 먼저 맞추려고 애쓰는 모습은 퍼즐판 위에 턱하니 적혀 있는 '초등학생용' 그대로였답니다!

결과는 아들과 아내 팀의 승리!

그렇게 성경 퍼즐 단체전을 마치고 이제 대망의 홈 퀴즈 시상식 시간이 되었습니다. 먼저 제가 홈 퀴즈의 심사 위원장으로서 이번 퀴즈의 심사 기준을 발표했습니다.

"아무래도 답을 빨리 보내온 사람에게는 그 순서에 따라 약간의 차이를 두어 가산점을 부여하겠습니다. 또 3번 문제 '내가 추가하고픈 사항'과 관련해서는 다른 항목과의 중복성 여부와 여러분이 이 자리에서 설명하는 내용을 즉석에서 평가해 순위를 정할 겁니다. 모두 최선을 다 해주시리라 믿습니다."

한 사람씩 제법 진지하게 자기 소견을 발표한 후 엄격한 심사를 거쳐 입상자가 최종 결정되었습니다.

- 스마트 상 – 군더더기 없이 깔끔한 답을 쓴 아들 종인
- 족집게 상 – 아빠의 마음을 훤히 들여다 본 딸 종경
- 끝내줘 상 – 끝 무렵에 마침내 답을 내 준 아내 양숙

아울러 참가상으로 각자 본인이 정해 보내온 12번째 십
계명을 사진과 함께 담은 작은 패를 나누어 가졌습니다.

가정의 달에
주고받은
마음의 선물

21세기 첫해 가정의 달, 저희 집에서는 조금은 색다른 '나눔'을 하기로 결정했습니다. 각자가 다른 가족 구성원들을 위해 기도문을 작성하고 그 기도문을 서로 나누기로 했습니다. 각자가 상대방을 위해 작성한 기도문은 그 기도문의 대상이 된 사람에게 주는 21세기 첫 가정의 달 특별 선물로 정했습니다.

아버지와 오빠를 위해 딸이 쓴 기도문과, 어머니와 여동생을 위해 쓴 아들의 기도문을 먼저 소개한 뒤 우리 부부의 기도문도 곁들여 소개합니다.

"인자와 진리로 네게서 떠나지 않게 하고 그것을 네 목에 매며 네 마음 안에 새기라. 그리하면 네가 하나님과 사람 앞에서 은총과 귀중히 여김을 받으리라. 너는 마음을 다하여 여호와를 의뢰하고 네 명철을 의지하지 말라. 너는 범사에 그를 인정하라 그리하면 네 길을 지도 하시리라."(잠 3:3~6)

아버지를 위한 딸의 기도문

하나님 아버지, 저의 아버지를 위해 기도합니다. 지금까지 아버지의 삶 가운데 함께 해주시고 점점 더 가까이 불러주심을 감사합니다.

저희 가정의 가장으로 세우셔서 이렇게 따뜻하고 화목한 가정을 만들게 해주셔서 감사합니다. 또 제가 가족을 사랑할 수 있도록 우리 가정의 본(本)이 되어주심을 감사합니다.

저는 아버지를 사랑합니다. 아버지의 자상하심, 유머, 성실함을 사랑합니다. 제가 아버지를 사랑한다는 것을 아버지가 아시길 원합니다. 속 썩이고 걱정 끼쳤던 것, 그리고 앞으로도 종종 속 썩일 것에 대해서 뉘우친다는 것도 아시길 원합니다.

저는 아버지가 자랑스럽습니다. 무엇보다도 하나님과 가까

워지시려고 노력하는 삶이 자랑스럽습니다. 제가 아버지의
모습을 닮도록 도와주십시오. 그리하여 인간적인 사랑을
넘어 주님 안에서의 참된 사랑을 나눌 수 있게 해주십시오.
아버지의 남은 삶 속에 주인이 되어주시고, 더 많이 사랑해
주십시오. 가정에서, 직장에서 좋은 영향력을 끼치는 아버
지가 되게 주님께서 이끌어주실 것을 믿습니다.

오빠를 위한 동생의 기도문

저의 오빠를 위해 기도합니다. 꾸준히 주님을 친구삼고 살
게 해주심을 감사합니다. 저희 가정의 장남으로서, 유일한
아들로서 때때로 든든한 모습으로, 때때로 귀여운 모습으
로 행복을 안겨주는 오빠를 주신 것에 감사합니다.

저는 오빠를 사랑합니다. 오빠의 유머, 지적능력, 그리고
게으름까지도 사랑합니다.

제가 오빠를 사랑한다는 것을 오빠가 알기를 원합니다. 아
주 가끔씩 싸웠을 때 잠깐 동안 미워도 했지만 진심이 아니
었음을 알아주기 원합니다.

저는 오빠가 자랑스럽습니다. 오빠가 나의 오빠라는 게 자
랑스럽습니다. 기독교서클에서 활동하며 주님과 가까워지

려하는 오빠가 참 자랑스럽습니다. 그리고 어렸을 때부터 지금까지 줄곧 착하게 살고 있는 것이 자랑스럽습니다.

제가 오빠를 닮도록 도와주십시오. 저희 둘이 주님 안에서 더욱 닮아갈 수 있도록 도와주십시오. 오빠의 남은 삶 속에 주인이 되어주시고, 더 많이 사랑해주십시오. 좋은 의사가 되고, 좋은 가장이 되는데 부족함이 없도록 이끌어주실 것을 믿습니다.

어머니를 위한 아들의 기도

하나님의 사랑으로 가족들을 사랑하게 하소서. 집안을 사랑의 향기로 가득 채울 수 있게 하시고, 가족의 평안을 통해 드러나는 말없는 감사에 행복할 수 있게 하소서.

세상 그 누구도 흉내 낼 수 없는 무한한 사랑과 이해가 이른 아침 산들바람처럼 잔잔히 드러나게 하소서. 사소한 집안일에서도 가족에 대한 사랑을 확인하게 하소서.

지금까지의 희생과 헌신에 대한 가족들의 감사와 사랑과 존경을 알게 하시고, 자신의 시간을 투자한 것에 대해 후회 없게 하소서.

집안을 이끌어감에 있어 하나님의 지혜를 구하게 하시고,

가정의 행복을 위한 기도에 게으르지 않게 하소서.

지금 주어져 있는 것들에 대해 충분히 감사하게 하시고,

나눔과 절약의 미덕을 잊지 않도록 하소서.

남편이라는 일생 최고의 만남에 대해 서로 감사하게 하시고

아직도 발견되는 서로의 부족한 점을 채워가는 재미 속에

하나님이 다시 주례를 서는 그날까지 사랑하게 하소서.

당신 없이는 도저히 지금 이 모습으로 자랄 수 없었던 자녀

들을 지금보다 더 큰 사랑으로 감쌀 수 있게 하시고, 독립

성과 책임감, 헌신, 사랑에 대해 가르칠 수 있게 하소서.

이토록 아름다운 가정을 이룸에 있어 가장 큰 역할을 했음

에 가장 큰 축복을 내려 주시고, 우리 모두의 가장 깊은 곳

에서 우러나는 감사를 받으시기에 합당한 영원한 이 가정

의 어머니가 되게 하소서….

동생을 위한 오빠의 기도

이 가정에 처음 속하게 되던 날, 세상에서 가장 밝은 웃음

으로 맞아 주었던 부모님의 사랑을 기억하게 하소서.

지금까지의 삶을 사랑으로 채워 준 부모님에 대한 감사를

늘 간직하게 하소서.

지금 자신의 모습을 사랑하게 하시며, 세상을 사랑하게 하소서.

나보다 못한 자에게 베풀 수 있게 하시고, 나보다 나은 사람에게서 배울 수 있는 지혜로운 딸이 되게 하소서.

규범이 무너지는 세상에서 자신의 갈 길만 바라보게 하시고, 스스로 해야 할 일을 찾을 수 있게 하시며, 자신의 인생에 대한 책임감을 가질 수 있게 하소서.

진정한 사랑의 의미를 알게 하소서.

삶에 대한 사랑, 가족에 대한 사랑, 친구들에 대한 사랑…, 그 사랑으로 인해 삶이 더욱 풍성하게 하소서.

부모를 공경하게 하소서.

사랑과 존경으로 부모를 대하게 하시고, '난 도저히 이해할 수 없어요'라는 말은 상대방도 나에 대해 이해하지 못하는 부분이 있다는 것임을 알게 하소서.

그가 지닌 사랑만큼 그의 인생이 아름다워지게 하시고, 이 가정에 태어나게 된 것에 대해 늘 감사하게 하시며, 하나님과 부모님, 친구들, 주위 여러 사람으로부터 받는 축복과 사랑으로 인생의 아름다움을 조각해 나가는 훌륭한 딸이 되게 하소서.

남편을 위한 아내의 기도

온유한 남편을 허락하셔서 이만큼 가정을 이끌어 오게 도와주신 주님께 감사드립니다.

주님 말씀으로 가정을 다스리고 이끌어 가는데 부족함이 없는 영성을 허락하셔서 이 가정을 더욱더 복된 가정으로 만들어 갈 수 있도록 늘 함께하여 주소서.

주님을 믿고 의지함으로 염려를 기도로 채우게 하시고 마음이 곤고하고 아플 때 주님을 바라봄으로써 주님이 주시는 위로와 평안을 공급받게 하소서.

연약하지 않도록 심신의 건강을 지켜 주시고 겉 사람은 쇠하여도 속사람은 날로 날로 새롭게 하소서.

그리스도 안에서 모든 힘을 공급 받아 그의 마음이 늘 감사와 찬송으로 넘치게 하시고 삶의 맛이 깊어지게 하소서.

좋은 직장을 허락하신 주님, 풍성한 덕과 사랑으로 그리스도의 향기를 드러내는 데 부족함이 없게 하시고 늘 다른 사람에게 힘을 실어 줄 수 있는 넉넉함을 허락하소서.

교회에서 귀한 직분 감당하는데 부족함이 없도록 더욱더 주님의 말씀을 상고하게 하시고 주님의 말씀 가운데서 모든 지혜를 얻어 교회를 섬기는데 귀히 쓰임 받게 하소서.

남은 생애가 지금까지 살아온 날들보다 더욱 복되게 축복하여 주셔서 그의 마음이 늘 감사와 찬송으로 넘치게 하소서.

아들을 위한 어머니의 기도

저희에게 허락하신 착하고 자랑스런 아들 종인이로 인하여 주님께 감사드립니다.

먼저 아들 종인이가 주님의 말씀과 믿음을 삶에서 가장 중요한 것으로 여기며 세상 살아가는 힘의 근원으로 삼게 하소서.

맡은 일에 부지런하며 충성하게 하셔서 주위 사람들에게 사랑받게 하시고 하나님의 자녀로 본이 되게 하소서.

힘든 학업 중에도 삶의 비전을 바라보며 잘 인내하게 하시고 부지런히 배우고 실력을 연마하여 크리스천 의사로 멋진 삶을 살 수 있도록 지혜롭게 준비하는 아들 되게 하소서.

나아가 사회에 이바지하며 다른 사람에게 유익을 주는 삶을 살아 드림으로써 하나님께 영광을 돌려드리는 복된 자가 되게 하소서.

바라옵기는 기도와 말씀으로 가정을 다스리며 사랑으로 다른 사람에게 덕이 될 수 있는 현숙한 배우자를 예비해 주시고, 우리 종인이 또한 믿음과 능력과 사랑으로 충만한 복된 배필이 될 수 있도록 자신을 잘 가꾸고 채워가게 하소서.

시냇가에 심은 나무가 시절을 좇아 과실을 맺음과 같이 그의 삶을 통해 복된 열매가 풍성히 맺히도록 인도하소서.

아내를 위한 남편의 기도

사랑의 주님, 아내의 오늘을 있게 허락하신 주님의 은혜에 감사드립니다.

저의 어리석음으로 인해 아내를 통해 주님께서 받기 원하시는 영광을 가리운 것 모두 용서해 주시기 바랍니다.

주님, 비옵나니 저희 부부 한 가정을 이룬 것 온전히 주님의 은총 안에서만 가능한 것임을 믿는 믿음 갖게 해주시옵소서.

우리 가정의 주인이 되시고, 우리 삶의 처음과 끝이 되시는 주님만 의지하는 중에 주님 주시는 영원한 자유와 평강을 누리게 해주시옵소서.

주여, 당신의 딸을 긍휼히 여기시어 엄마와 아내로서의 역할을 지혜롭게 감당케 해주시고, 주님을 우선하는 언행심사로 주위를 밝고 맑게 해주시기 바랍니다.

부디 주님이시여, 말씀과 기도로 호흡하는 주님의 딸로 살아, 허락하신 재능이 주님의 영광을 드러내는 일에 쓰여질 수 있게 축복해 주시옵소서.

주님, 아내의 기도 제목에 축복하시어 주님이 기뻐하시는 기도 제목들로 채워주시고, 그로 인해 기쁨과 감사로 하루하루 승리하게 도와주시옵소서.

딸을 위한 아버지의 기도

사랑의 주님, 종경이의 오늘이 있기까지 주님께서 인도해 주셨음을 믿고 감사드립니다. 딸과 아버지로서의 관계 속에 저희를 묶어 주심에 감사드립니다.

저의 미련함으로 종경이를 통해 주님이 받기 원하시는 영광을 가리운 것 있으면 다 용서해 주시옵소서.

주님, 기도하오니 우리 종경이가 무엇보다 하나님 아버지를 진정으로 마음의 중심에 모시고 사는 지혜로운 여인으로 자라게 해 주시옵소서.

하나님을 경외함이 지혜의 근본이라고 하셨으니 하나님을 경외하는 것이 어떤 것인지 그 진짜 맛을 즐길 수 있는 삶을 살게 해 주시옵소서.

내일에 대한 꿈을 간직하여 오늘을 승리하게 하시고 하나님 보시기에 부끄러움 없는 시간들로 채워주시옵소서. 구체적인 꿈을 세우고 그 꿈에 하나님께서 함께 해 주시도록 모든 열심을 다해 기도로 매달릴 수 있는 축복을 허락하시옵소서.

주님, 우리 종경이가 날마다 두 손 모아 주님께 기도드리는 그 간구에 응답해 주실 줄 믿습니다. 자신이 하나님의 귀한 자녀임을 알게 해주시고 그 때문에 감사가 넘치도록 도우소서.

서로를 위한 기도문을 작성하고 이를 함께 나누는 것은 그 자체로도 귀한 일이지만, 이를 통해 서로의 마음을 확인할 수 있고, 그로인해 더욱 공고하고 단단한 유대감으로 결속되는 것이야말로 참다운 가정의 행복을 구축하는 진정한 '비밀의 열쇠'가 됩니다. 여러분도 꼭 한 번 시도해보시기 바랍니다. 가정이 신앙으로 묶일 때 가정의 평화는 자연스럽게 확보되니까요.

하나님을 경외함이 지혜의 근본이라고 하셨으니
그 참 깨달음으로 주님의 자녀다운 삶을 살게 해 주시옵소서.

며느리,
특별한
축복의 통로

　자녀를 결혼 시킨다는 것은 자녀를 내 품에서 '떠나보내는 일'이자 동시에 새로운 가족을 '맞이하는 일'입니다. 한 가지를 잃고 한 가지를 얻습니다. 섭섭하면서 행복한 일입니다. 그뿐만이 아닙니다. 가족의 지경이 넓어지는 일이기도 합니다. 가령, 아들을 결혼 시키면 며느리만 맞이하는 것이 아니라 사돈, 즉 또 다른 가족들과 특별한 관계를 맺게 됩니다. 가족의 외연(外延)이 확대되는 일입니다.

　하나님의 섭리 가운데서 좋은 사람을 만난다는 것은 행복한 일입니다. 사람을 만남으로써 누리게 되는 축복은 하나님이 우리에게 주신 선물입니다. 이 선물은 우리의 삶을

아들과 며느리는 어렸을 때
모습이 정말 닮았다.
왼쪽이 아들,
오른쪽이 며느리 어릴 때 모습.

풍요롭게 만듭니다. 물론 사람과의 관계가 늘 기쁨이나 행
복으로 연결되는 것은 아니지만, 곰곰이 생각해보면 사람
으로 인해 얻게 되는 기쁨과 슬픔은 그 자체로 의미 있는 일
입니다. 그것이 우리의 삶을 만들어가기 때문입니다.

소중한 인연을 맺다

어느 날 아들로부터 어떤 여성과 교제를 하고 있다는 말
을 들었습니다. 아내의 지인으로부터 소개를 받았는데, 미
술을 전공했고 만나보니 호감을 느끼게 되었다고 했습니
다. 알고보니 그 여성은 아들이 다녔던 의과대학 교수의 딸
이었고 신앙을 가진 가정이어서 저도 내심 안심이 되었습
니다.

그렇게 교제가 순조롭게 진행이 되어서 아들은 결혼을

하게 되었습니다. 아들이 결혼하기 전 해 10월 1일, 며느리와 우연히 마주쳤던 순간은 지금도 눈앞에 생생합니다. 저는 그날 강남에 있는 한 대형 서점에서 책 몇 권을 사가지고 나오는 길이었습니다. 그런데 저만큼 문구 코너 쪽에서 아들이 어떤 예쁜 아가씨의 어깨에 팔을 두르고 다정하게 웃으며 걸어오고 있었습니다.

그 둘의 모습이 너무도 잘 어울렸습니다. 저는 순간적으로 그 아가씨가 마음에 쏙 들었습니다. 더할 나위 없는 며느리 감이었습니다. 그날 그렇게 우연히 마주친 것도 결코 우연이 아닌 것 같았습니다. 게다가 제 아들이 그 아가씨를 진정으로 좋아하고, 또 제 아들을 진정으로 좋아해 준다면 무엇을 더 바라겠습니까?

그날 저를 보고 몹시 당황하며 부끄러워했던 그 아가씨는 지금 우리 집 며느리가 되었습니다. 신앙심 깊고 예쁘고 착한 며느리입니다. 아들이 결혼을 해서 어엿한 한 가정의 가장이 된 것도 기쁘고 감사한 일이지만, 아들 옆에서 평생의 반려자가 되어 줄 든든한 며느리가 생겼다는 것은 그야말로 하나님이 주신 선물이었습니다.

그렇게 며느리가 들어온 후 첫 번째 생일을 맞았습니다.

어떻게 며느리의 생일을 축하해 줄까 생각하다가 지난 30년 동안 며느리를 정성껏 키워 준 사돈 가족들과 함께 축하 모임을 갖기로 했습니다. 사돈과의 자리가 아무래도 조심스럽기는 했지만 함께 식사를 나누면서 좀 더 가까워지고 행복한 시간을 누리는 기쁨을 맛보았습니다. 사람과 사람의 관계는 함께 시간을 보낸다는 것이 중요해서, 사돈 가족들과 교제를 갖다보니 며느리의 남동생까지 한 가족 같이 느껴졌습니다.

이후 아들의 생일에는 사돈 식구들이 우리 가족을 초대했습니다. 이렇게 식사와 축하 모임이 연결되면서 양쪽 집이 친교를 더해가고 있습니다. 미국에 살고 있는 딸이 한국에 나오면 사돈집에서 특별히 맛있는 식사를 사기도 하고, 또 딸은 사돈어른 드린다며 선물을 챙겨오는 모습은 정겹고 사람 사는 기쁨을 더해줍니다. 이런 만남을 계속하다 보니 자연스럽게 서로의 삶도 나누게 되었습니다. 사돈 부부가 십 수 년 째 한 번도 빠뜨리지 않고 의료봉사를 다닌다는 이야기, 봉사 현장에서 느꼈던 보람에 관한 이야기를 들으며 손주들이 좀 더 크면 양쪽 가족 모두가 함께 의료 봉사를 가는 멋진 꿈도 꾸게 되었습니다.

사람을 통한 축복

이제 우리 부부가 며느리의 생일과 함께 꼭 챙기는 날이 있습니다. 바로 강남의 한 서점에서 처음 며느리와 우연히 마주쳤던 그날입니다. 사실 기념일이 뭐 그리 특별한 날이겠습니까? 어떤 날이든 특별한 의미를 부여하면 그날이 바로 특별한 기념일이 되는 것일 겁니다. 특별한 의미를 부여하는 날이 많아지면 평범한 일상도 특별한 기념일로 채색되어갈 것입니다.

사람은 사람을 통해 축복을 누립니다. 그래서 모든 인간관계는 소중합니다. 우리 부부는 아들의 결혼을 통해 또 다른 가족과 소중한 인연을 맺었습니다. 저는 그 인연을 잘 가꿔나가고 싶습니다. 그래서 아들 부부가 사돈 가족과 우리 가족을 이어주는 특별한 축복의 통로가 되길 기대합니다.

핸드메이드 돌잔치

요즘 호텔이나 큰 식당에 가보면 아이들 돌잔치 하는 모습을 종종 보게 됩니다. 그런 돌잔치의 거의 대부분은 전문 기획사에서 사회자를 초청해 주어진 식순에 따라 진행하기 마련입니다. 그러나 일부 젊은 부부들은 다른 방식으로 자녀의 돌을 축하해 주기도 합니다. 돌잔치 할 비용을 아껴 어려운 사람들을 위해 기부를 하는 등 의미 있는 일에 사용하는 것이지요. 그 마음이 너무도 아름답습니다.

아들 부부는 첫 아이를 낳고는 저희 가족끼리 케이크 하나 사서 기념하는 것으로 아이의 백일을 조용히 보냈습니다. 대신 아이의 이름으로 자선단체에 기부를 하고 결연한 아동의 사진을 거실에 걸어 놓았습니다. 그런 아들 부부의 모습이 참으로 대견했습니다.

저의 아들과 딸은 대학 시절 몇 차례 해외 봉사를 다녀온 적이 있습니다. 당시 딸은 봉사활동을 좋아했지만 아들은 그다지 마음 내켜하지 않는 것 같았는데, 역시 부모가 되어서 일까요, 어른이 된 만큼 마음도 성장한 것 같아서 부모로서 마음이 흐뭇했습니다.

손녀를 위한 오붓한 축하연

여기에는 며느리의 역할도 한몫 했으리라는 생각이 들었습니다. 사실 며느리는 아이의 돌이 다가오자 이래저래 고민이 되는 모양이었습니다. 고민 끝에 며느리는 백일 때처럼 돌도 그냥 조용히 지내겠다고 말했습니다. 그러나 할아버지 할머니의 마음은 그게 아니었습니다. 태어나서 처음 맞이하는 생일이고 그동안 건강하게 잘 자랐으니 가까운 양가 가족들을 모시고 식사 대접이라도 하자고 구슬렀습니다.

아들 내외도 막상 그냥 지나가려니 섭섭했던 모양인지 결국 우리의 조언을 받아들였습니다. 그래서 양가 가족들만 모인 오붓한 축하연이 마련되었습니다. 행사의 진행은 아들이 직접 맡았고 손녀의 영상은 외삼촌이 제작하여 대사까지 붙였는데, 영상의 대사가 아주 즐겁고 재치가 있어서 마치 한 편의 기록 영화를 보는 것 같았습니다. 모두들 즐거워했습니다.

그러나 이날 행사의 하이라이트는 무엇보다도 외할아버지의 하모니카 연주였습니다. 손녀의 외할아버지는 하모니카 연주 실력이 그야말로 프로급이었습니다. 사전에 아들 부부로부터 외할아버지가 축하 연주를 해주실 것이라는 이야기는 들었지만 수준이 그 정도일 줄은 꿈에도 생각하지 못했습니다. '환희의 송가'를 연주한 외할아버지는 앙코르를 받아 'You raise me up'까지 멋지게 연주해 주었습니다.

저는 그날 시 한 편에 제 마음을 담아 우리 손녀가 몸과 마음이 아름답고 건강한 사람으로 성장할 수 있기를 기도했습니다. 첫 손주의 첫 생일은 그렇게 부모와 양가 친척들의 축복과 기쁨 속에 따뜻하고 아름답게 마무리 되었습니다.

사랑은 늘 핸드메이드

사람들은 세월이 달라졌다고 말합니다. 하지만 대형 행사장에서 치러지는 아이들의 돌잔치를 보고 있노라면 마치 판에 박은 듯한 기성품처럼 느껴집니다. 아무런 개성도 없이 천편일률적인, 말 그대로 '행사'로 치러집니다.

하지만 돌잔치는 태어난 아이를 위한 축복과 축하에 진정한 의미가 있는 것일 겁니다. 아이에 대한 사랑이 결코 기성품일 수 없듯이, 그 아이를 축복하고 축하하는 일도 절대로 기성품이 될 수 없습니다. 그래서 돌잔치는 '핸드메이드'가 되어야 합니다. 아이의 부모가 사랑과 정성의 손길이 깃든 돌잔치여야 비로소 그 의미가 살아나고 '멋'도, '맛'도 살아나는 게 아닐까 싶습니다. 아무리 세월이 바뀌고 시간이 흘러도 사랑은 늘 핸드메이드입니다.

손녀를 통해 배운 사랑과 새 생명의 기쁨

저는 요즘 새파란 여자(?)와 사랑에 빠져 있습니다. 길거리나 대중교통을 타고 가다 그 나이 또래의 여자들을 보면 나도 모르게 입가에 미소가 피어오르고 주책스럽게 꼭 말을 건네게 됩니다. 나의 마음을 온통 빼앗아가 버린 아름다운 그녀는 바로 제 손녀입니다.

저는 결혼을 비교적 늦게 한 편입니다. 아들 역시 저를 닮아서인지 이른 나이에 결혼한 것이 아니어서 손주를 보게 되기까지 오랜 시간이 걸렸습니다. 제 주변의 친구들은 이미 대부분 손주를 보았고, 친구들이 입에 침을 튀겨가며 손주 자랑을 할 때면 한편으로는 그런 친구들이 부럽기도 하고, 다른 한편으로는 '저렇게 좋을까? 과연 손주가 생기면 나도 저럴까?'하는 의구심이 들기도 했습니다.

하지만 일이 일어나려면 이미 어떤 조짐들이 나타나기 마련입니다. 저 역시 마찬가지였습니다. '그녀'와 사랑에 빠질 조짐이 이미 나타나고 있었습니다. 아들이 결혼하기 전부터 유독 뒤뚱거리며 걸어가는 앙증맞은 꼬마들이 저의 눈과 마음을 점령해오기 시작했던 것입니다. 아내에게 이런 증상을 이야기 하면 아내는 "하나님이 당신에게 할아버지가 될 준비를 시키시는 모양이네"라며 웃었습니다.

그런데, 드디어 70세를 눈앞에 두고 저도 마침내 첫 손녀를 둔 당당한 할아버지가 되었습니다. 대부분의 제 연령대의 남자들이 그렇겠지만, 저도 제 아이들을 기를 때는 한참 직장에서 일에 전념해야 할 때라 아이들과 함께 할 시간이 많지가 않았습니다. 생계에 발목이 잡혀 하루가 다르게 커가는 생명의 신비한 변화를 지켜보며 감탄할 기회를 담보 잡혀야 했습니다.

그런 저에게 손녀는 다시 한 번 주어진 소중한 기회였습니다. 그 아이를 통해 저는 생명의 신비를 확인하며 감탄하고 또 감탄했습니다. 아들 내외와 떨어져 살기 때문에 한 달에 두세 번 밖에 볼 수 없었지만 만날 때마다 달라져 있는 새 생명을 지켜보는 기쁨은 그 무엇보다도 신선했습니다. 우리 아이들을 키울 때는 어떠했는지 젊은 시절로 시계의 태엽을 거꾸로 돌려 보기도 하고, 아기 때의 아들 사진을 다시 꺼내 비교해 보며 "꼭 지 아빠 닮았다. 딸이 아빠 닮으면 잘 산대"하며 과거와 현재의 시간 속에 함께 머물러 보기도 했습니다.

사람 사는 맛

그런데 손녀가 사람을 알아보고 걷기 시작하면서 저의 애달픈 사랑(?)에 문제가 생겼습니다. 나의 사랑은 나 혼자만의 '외사랑'이 되었던 것입니다. 오랜만에 만난 손녀는 할머니에게만 안기고 제게는 좀처럼 잘 다가오지 않았습니다. 은근히 섭섭하기도 하고, 내 사랑을 몰라주는 어린 것이 조금은 야속하기도 했습니다.

하지만 그렇다고 주저앉아 한탄만 하고 있을 수는 없었습니다. 적극적인 사고란 바로 이럴 때 필요한 것이지요. 저는 전략을 세워 적극적인 애정 공세를 펴기로 했습니다. 상대가 다가오지 않는다면 제가 다가가면 되지 않겠습니까?

지피지기면 백전백승이라! 손녀는 공을 좋아했습니다. 그래서 함께 풍선 공으로 축구 놀이를 하면서 다가갔습니다. 저의 '유혹 전략'은 대 성공이었습니다. 손녀는 저와 함께 하는 공놀이에 푹 빠졌습니다. 그런 손녀를 바라보는 것은 제게 너무도 큰 기쁨이었습니다. 공을 좇아 넘어질듯 달려가는 그 앙증맞은 모습, 무엇이 그리도 재미가 있는지 끊어지지 않고 계속되는 웃음….

평소에는 적막강산이던 우리 집은 손녀만 오면 소란스러

아들 + 며느리 = 손녀

워집니다. 내 사랑 손녀는 우리 집에 엄청난 활기를 불어넣습니다. 사람 사는 맛이 아마도 그런 것인 것 같습니다. 아이의 웃음소리가 울려나오고 그 웃음소리를 좇아 이리저리 뛰어다니는 것이 왜 그리도 행복하고 즐거운지…. 행복은 멀리 있는 것이 아니었습니다.

　이후로 손녀는 공을 들고는 제게로 먼저 다가와 몸으로 말을 겁니다. 사랑은 특별한 그 무엇이 아니었습니다. 그저 상대방과 서로 눈높이를 맞추는 일일 뿐입니다. 눈을 맞추고 함께 웃고 함께 뛰는 일입니다. 그것이 사랑입니다. 그 귀중한 교훈을 저는 손녀를 통해 다시 배우고 있습니다.

일상에 담긴
소소한
단상들

배웅하고 맞이한다는 것의 의미

쾅!
왔나보다

쿵!
나가나보다

제목이 '권태기'라는 제목으로 기억되는 시의 내용입니다. 사람이 오는지, 가는지, 알 바도 없고 관심도 없다면 그

것은 가족이기를 포기하는 것 아닐까요? 고 3 수험생을 둔 가정에서는 애완견을 기르는 경우가 종종 있다고 합니다. 공부 때문에 밤늦게 자녀가 귀가할 때 이 애완견이 부모나 식구 대신 톡톡히 반겨주는 역할을 하기 때문입니다. 이것이 자녀의 정서에도 도움이 된다는데…, 이 개운하지 않고 씁쓸한 뒷맛은 무엇 때문일까요?

집에서 개를 길러보면 알지만, 개는 식구들의 출입에 너무도 민감하게 반응합니다. 아무리 늦어도 들어오면 쏜살같이 현관으로 달려 나와 꽁지가 빠져라 흔들며 반겨주지요. 그런데 사람이 이런 개보다 못하다면 사람 체면이 정말 말이 아니지요! 식구가 일터로, 학교로 나가는 길에 현관에서 배웅하는 일, 그리고 하루 일과를 마치고 피곤한 몸으로 귀가할 때 현관에서 다정하게 맞이하는 일이야말로 얼마나 귀한 일인지 모릅니다. 저는 항상 아내든 자녀든 집을 나서거나 집에 들어올 땐 어쩔 수 없는 상황이 아니면 꼭 현관에서 배웅하거나 맞이합니다. 특히 가족 중 누가 여행에서 돌아오거나 미국에 있는 딸이 귀국한다거나 할 경우 현관에 환영 포스터를 만들어 붙여놓는 답니다.

식탁, 왜 거기에만 있나요?

아파트가 특히 그렇지만, 대개의 경우 식탁은 주방 가까운 곳에 놓여 있습니다. 그 자리에 어떤 식탁을 놓느냐가 다를 뿐 위치는 거의 고정인 셈이지요. 뿐만 아니라 식구들의 앉는 자리도 자연스럽게 정해져 있습니다. 여기는 아버지 자리, 여기는 어머니 자리….

어떨까요? 이런 고정된 틀에 한번쯤 변화를 주어본다면! 늘 아버지가 앉던 자리에 막내가 앉고, 막내가 앉던 자리에 어머니가 앉는 식으로…. 비록 작은 변화지만 재미와 신선함을 선물할 수 있지요.

여기서 좀 더 한 걸음 더 나아가 특별한 날, 그러니까 식구 중 누가 생일을 맞았다든가 할 경우에는 식탁을 아예 통째로 옮겨보는 거지요. 거실 중앙에 식탁을 놓고 전등 대신 촛불을 밝히거나 꽃병을 올려놓아도 분위기가 삽니다. 비록 밥상 메뉴는 똑같더라도 외식하는 듯한 기분이 들 수 있습니다. 소소한 변화지만 이런 작은 변화들이 틀에 묶인 가족의 일상에 활력소가 될 수 있습니다.

안방 올림픽

특히 명절이 그렇습니다. 일가친척들이 한자리에 모이다 보면 아이들이 난리지요. 나이가 어릴 경우에는 서로 상승작용을 일으켜 방안을 뛰어다니고 소리를 지르며 그야말로 아수라장이 됩니다. 야단을 쳐도 잘 듣지 않고 때로는 또래끼리 뒤엉켜 싸우기도 하지요. 형이나 누나가 있어 이런 아이들을 데리고 밖에 나가 놀면 좋겠지만 여의치 않은 경우가 더 많습니다.

이처럼 난감한 상황에 처할 경우 좋은 방법이 있습니다. 그 집에서 좀 큰방을 하나 골라 아이들을 다 그곳으로 모으는 겁니다.

그런 다음 그 방에서 '미니 올림픽'을 개최합니다. 청군과 백군으로 팀을 나누고 나름 프로그램을 제시해 진행하면 아무리 산만한 아이들이라도 곧잘 따라옵니다.

제가 이때 잘하는 종목은 풍선으로 하는 투포환과 배구 경기, 눈 가리고 탑 높이 쌓기(두루마리 화장지를 갖다 놓고 눈을 감은 채 누가 더 높이 쌓는가를 겨루는 경기), 그밖에도 한 발 들고 오래 버티기 등 아이디어를 잘 짜면 재미있게 놀 수 있는 아이템들은 무궁무진합니다. 여러분은 어떤 아이디어를 가지고 계신지, 아이들에게 어떤 추억을 선물하실지 기대가 됩니다.

한 줄 글에 담는 따사로움

문자 메시지나 작은 쪽지 같은 것들은 가족에 대한 사랑을 담는 유용한 도구가 됩니다. 예를 들어 축구를 좋아하는 아들에게는 '어제 박지성 선수 너무 멋졌지?'하고 문자를 보냅니다. 그러면 바로 답이 옵니다.

'아버지는 저 닮은 차두리 선수 팬이 아니셨던가요? 히히!'

점심 먹으러 가는 길, 신호등 앞에 서 있을 때 아내에게 문자를 보냅니다. '집에 혼자 있다고 굶지 말 것! 나는 칼국수 먹어요.' 그러면 아내도 즉시 답장을 보내옵니다.

'저녁 메뉴는 당신이 좋아하는 카레! 기대하시라.'

우리 집에서는 자주 쪽지나 카드, 메모지 같은 것을 이용해 의견도 나누고 가족 간의 정도 나눕니다. 이를테면 아들의 귀가가 늦어서 우리가 먼저 잠자리에 들게 될 경우에는 아들의 방문 앞에 쪽지 글을 써 붙여 놓고 잡니다.

'아빠 먼저 공자님 만나러 가신다. 굿나잇 마이 선(Sun)!'

아들이 뒤늦게 들어와 쪽지를 보며 느끼는 감정은 좀 색다르지 않겠습니까? 물론 문자나 핸드폰으로도 연락할 수 있지만, 가끔 이런 아날로그 메모를 이용하면 느낌도 새롭고 정겨운 마음을 훨씬 더 잘 전하고 받을 수 있습니다. 다음 날 아침, 아들의 방문에는 답장이 메모로 붙여져 있습니다.

'아빠, 저 내일 쉬는 날이에요. 늦잠 잘게요! ^^'

100년 전으로 되돌아가기

어느 주말 오후, 저희 가족은 100년 전으로 되돌아가기로 했습니다. 그러니까 100년 전에 없었던 것은 사용하지 않기로 한 겁니다.

예를 들면 TV도 켜면 안 되고, 전화도 걸려오는 거야 어쩌지 못하지만 먼저 사용할 수는 없고, 더운 물도 사용 금지, 각종 전자기기도, 가스불도⋯. 아무튼 옛날로 돌아가보는 이색 체험을 해보기로 한 거죠. 요즘 이야기되는 미디어 단식에서 한걸음 더 나아가기로 한 겁니다.

처음에는 모두 호기심에 좋다고 찬성했지만, 막상 시간

이 지날수록 이거 만만치 않을 걸, 하고 깨닫게 되었습니다. 밥도 전기밥솥이나 가스 사용을 못하니 편법으로 야외 등산용 버너로 짓고, 전깃불 대신 곳곳에 촛불을 밝힌 채 책도 보고…. 물론 아파트의 엘리베이터도 사용금지 품목입니다.

우리 가족은 이른 저녁식사 후, 19층에서 걸어 내려가 집에서 가까운 한강공원으로 산책을 나갔습니다.

천천히 강바람을 즐기며 강 건너 불빛을 마치 처음 보는 듯 조금은 신기하게 바라도 보았습니다. 같이 손잡고 걸으며 "엄마가 섬 그늘에 굴 따러 가면…"같은 동요도 부르고 이런저런 이야기들을 나누며 모처럼 오랜 시간을 함께 보냈지요. 휘황찬란한 불빛의 유람선이 지나가는 것을 보며 꽤 오랜 시간을 함께 보내다 들어온 것 같았는데, 시간은 채 10시도 안 돼 있었습니다.

다른 때는 저녁 식사를 마친 후 TV 앞에 앉아있거나 별로 하는 일 없이 지내다가 잠자리에 들곤 했는데 촛불을 켠 그날 저녁엔 자연히 자녀들과 함께 앉아 대화도 나누게 되고, 창밖의 구름 따라 흐르는 달도 올려다보게 되고….

약속한대로 드디어 밤 12시, 마침내 전깃불을 켰습니다.

세상에나, 형광등 불빛이 어찌 그리도 밝고 환한지…. 그
눈부심이 그리도 고맙고 반가울 줄이야….

　그 어느 때 보다도 조용한 시간 속에서 우리는 각자 마음
속 이야기를 듣는 체험을 나눌 수 있었습니다. 못 보던 밤
하늘을 올려다보면서 고요함이 들려주는 속 깊은 속삭임도
엿들은 듯 했지요.

제3장

가장의
노래

아내는 다소 당황스럽고 쑥스러운 표정으로 의자 앞으로 나와 앉았습니다.
그런 아내 앞에 저는 무릎을 꿇고 앉았습니다.
낭독한 카드를 아내의 손에 쥐어준 뒤 아내의 발을 씻어 주었습니다.
아내의 발에는 오랜 세월의 흔적인양 굳은살이 박혀있었습니다.
뭐라고 설명할 수 없는 뭉클한 감정이 마음 저 깊은 곳에서부터 목울대
를 밀고 넘어왔습니다.
한 남자와 한 여자로 만나 이렇게 오랜 세월을 함께 했다는 것이 애잔하고 대
견했습니다. 그렇게 한참 동안의 시간을 들여 천천히, 그리고 정성스럽게 발
을 씻겨 주었습니다.

A Father's Love Song for Family!

행복한
'웰빙 노후'를
준비하며

오랜 공직 생활과 10여 년 간의 봉사단체 근무를 마치고 저는 일선에서 은퇴를 했습니다. 은퇴하면서 저는 저만의 '웰빙 노후'를 준비하며 우선 6가지를 실천하기로 마음 먹었습니다. 내용은 이렇습니다.

1. 새 옷을 사지 않기

감사하게 나이가 들어도 몸무게가 늘거나 줄지않아 기존에 갖고 있던 옷으로도 충분했습니다. 저는 옷장을 정리해서 입지 않는 옷은 교회나 '아름다운가게' 같은 곳에 모두 기증했습니다.

2. 하나만 갖기

회사에서 홍보 담당으로 일하다보니 많은 신문과 잡지들을 보는데 익숙해졌고 자료들을 스크랩하는 취미까지 생겼습니다. 하지만 작심하고 신문은 하나만 구독하고 소지하고 있던 이런저런 카드도 한 장만 남기고 다 정리했습니다. 필요한 것이 있으면 현금으로 사고 없으면 사지 않기로 했습니다.

3. 평생 모은 책 기증하기

책 욕심이 많아 그간 사 모은 책이 대략 7,000여 권에 달했습니다. 해마다 올해는 책을 좀 줄여야지 결심을 해도 쉽지 않았었는데, 마음을 단단히 먹고 여러 곳에 소장하고 있던 책을 기증하기로 했습니다.

4. 도서 녹음 자원 봉사하기

지난 10여 년 동안 시각장애우들을 위한 도서 녹음 봉사를 해왔지만 직장 일에 밀려 생각만큼 많이 하지는 못했습니다. 이제 시간적으로 여유있게 되었으니 적어도 한 달에 한 권씩 녹음하기로 마음 먹었습니다.

5. '2-2-2 원칙' 지키기

일주일을 균형 있게 보내기 위해 육체적인 건강을 지키는데 이틀 정도, 또 다른 이틀은 전시회, 음악회, 연극 공연 등 정서적인 건강을 챙기는데 투자하고, 남은 이틀은 다른 사람을 위해 봉사하는 일에 사용하기로 했습니다.

6. 장기 기증 서약과 월 1회 헌혈하기

제 생일이나 결혼기념일 등 특별한 하루를 골라 온 가족이 함께 장기 기증 서약을 하고, 건강이 허락하는 한 한 달에 한 번씩 정기적으로 헌혈을 하기로 했습니다.

저의 다짐에 얽힌 이야기

먼저 도서 기증. 그 많은 책들을 박스에서 꺼내 정리하기를 몇 달, 결국 1차로 3,500여 권을 골라 박스 마흔여덟 개에 담았습니다. 한 상자씩 묶는데 마음이 찡해져 눈물도 났습니다. '이렇게 소중하고 아까운 책들인데 아무 데나 보낼 수는 없지. 꼭 필요한 곳에 보내자'고 다짐, 또 다짐했습니다.

그런데 기증이 쉽지가 않았습니다. 소년원은 일반도서보

다는 대학 검정고시 교재를 필요로 하는 곳이라 적당하지 않았고, 여자 교도소에서는 그 많은 책을 놓을 공간도, 관리할 인력도 마땅찮다는 이유로 사양했습니다.

그러다 문득 중국에 있는 젊은 선교사 한 분이 생각났습니다. 전화를 걸어 내 뜻을 전하고 혹시 주변에 필요한 사람이 있는지 알아봐 달라고 부탁했습니다. 그런데 그 선교사님은 이상하게 한참 동안 대답이 없었습니다. 혹시 전화가 끊어진 게 아닌가 생각했는데, 그것이 아니었습니다. 한참 동안 말을 잇지 못하던 선교사님은 이렇게 말했습니다.

"마침 우리가 운영하는 학교에 도서실 공간을 마련했는데 도서 구하는 일이 너무 막막해서 선생님들과 함께 두 달 전부터 이 일을 위해 기도하고 있었습니다."

할렐루야! 하나님의 계획은 정말 놀랍고 신기하기만 합니다. 그 책들은 그 해 12월 초 배편으로 중국에 도착했습니다. 그 이후로도 두어 차례 준비되는 대로 추가로 책을 보냈습니다. 그 곳의 한인 선교사와 조선족들이 그 책을 읽고 참된 신앙과 용기, 지식 위에 바로 설 수 있기를 기도했습니다.

또한, 도서 녹음 봉사를 하며 누리는 저만의 기쁨인데 제가 녹음했던 도서가 대출 목록 상위에 오를 때의 기쁨은 그 무엇과도 비교하기 어렵습니다. 인기 녹음도서 중 하나가 씨맨즈의 '상한 감정의 치유'란 책인데, 어떤 장애우으로부터 '너무 잘 들었다'는 점자로 된 감사편지를 난생 처음 받는 감격을 맛보았습니다.

또 한 번은 중도 실명자인 대학원생이 리포트로 제출해야 할 소설을 급히 들어야한다기에 녹음 중인 책을 잠시 뒤로 하고 먼저 그 책을 녹음했습니다. 그 학생의 다급한 마음이 찐하게 느껴져 더욱 정성을 담아 읽었고, 무사히 리포트를 제출했다는 소식을 들었을 땐 내 자식의 일처럼 기뻤습니다.

아빠의
두 번째 출근

1999년 저는 오랫동안 근무했던 한국도로공사에서 퇴직하고 NGO 단체인 '국제사랑의봉사단' 이사로 자리를 옮겼습니다. 워낙 오랫동안 한 직장만 다닌 터라 가족들은 저의 새 일터로의 첫 출근이 내심 걱정되었던 모양입니다.

출근 준비를 하는 제 옆으로 딸이 다가오더니 "오늘은 제가 아빠 옷을 멋지게 코디해 드릴 게요"하면서 입고 나갈 옷을 골라주었습니다. 아들은 따라 나와 현관문까지 열어주며 "아빠, 제가 알려드린 버스 노선 다 아셨죠? 확실히 하시려면 타시기 전에 기사에게 꼭 물어보시고 타세요. 그게 제일 안전해요"하며 저를 챙겨주었습니다.

이거 완전히 초등학생 첫 등교 날 아침 풍경이지요? 그날이 9월 1일, 어느 시인이 노래한 '가을을 첫 이마에 맞이하는 날'이었습니다. 저는 아들의 염려와는 달리 기사에게 묻지도 않고 당당하게 버스에 올라 자리에 앉았습니다. 갑자기 아내가 어제 밤 내게 한 말이 생각났습니다.

"여보, 첫 출근인데 정말 차 안 가져가도 되겠어요? 당신도 불편하고 남들 보기에도…."

아내의 마음은 이해가 갔습니다. 바로 지난주까지만 해도 회사 차가 시간에 맞춰 집 앞에서 저를 기다리고 있었으니까요. 갑자기 버스를 타고 가는 남편이 안됐기도 하고 왠지 마음이 짠했던 모양입니다. 하지만 저는 즐거웠습니다.

'너를 위해 일할 수 있다면…'

딸이 골라준 옷은 초가을쯤 입기에 딱 좋은 옷이었습니다. 천의 까끌까끌한 촉감을 쓰다듬다 문득 상의 주머니에 뭔가가 들어있는 것을 발견했습니다. 자그마한 사각봉투에 깨알 같은 글씨로 곱게 쓴 딸의 편지였습니다.

만일 네가 어떤 꿈을 갖고 있더라도

그 꿈의 노예가 되지 않을 수 있다면

그리고 만일 어떤 생각을 갖더라도

그 생각이 유일한 목표가 되지 않게 할 수 있다면

만일 네가 기다릴 수 있다면

그 기다림에 지치지 않을 수 있다면

거짓이 들리더라도 그 거짓과 타협하지 않을 수 있다면

미움을 받더라도 그 미움을 이겨낼 수 있다면

그러면서도 너무 선한 체 하지 않으며

또 너무 지혜로운 말들을 늘어놓지 않을 수 있다면

한번쯤은 인생의 모든 걸 걸고 내기할 수 있다면

그래서 모든 걸 잃고서도 처음부터 다시 시작할 수 있다면

잃고 난 것에 대해 침묵할 수 있다면

그러면서도 너의 가슴과 어깨와 머리가

너를 위해 일할 수 있다면….

아빠! 종경이에요. 얼마 전부터 써야지 써야지 하다가 이제

야 편지 써요. 앞의 시는 키플링의 '만일'이라는 시의 일부에요. 참 좋죠? 오늘 이른 아침 잠결이었지만, 아빠 엄마가 웃으시며 얘기하시는 소리가 들려서 속으로 '하나님, 고마워요'했어요. 아빠 요즘 많이 힘드시죠?

첫 출근 축하드리고요, 아빠, 정말 사랑해요. 그리고 우린 언제나 아빠 편이에요!

사랑하는 딸.

제가 '국제사랑의봉사단'으로 첫 출근했던 그날 저녁, 병원에서 당직근무 중이던 아들로부터 저녁 때 집으로 전화가 걸려왔답니다.

"엄마, 아빠 무사히 잘 들어오셨어요?"

아버지가 버스를 제대로 잘 탔는지 무척 궁금하고 걱정됐다는 잔소리와 함께!

저는 그날 이후 해마다 9월 1일이면 그날 입었던 그 옷을 꼭 꺼내 입습니다. 소중한 기억들과 함께.

타이어를 바꾸어 끼시라!

이 이야기는 앞의 이야기에 이은 일종의 시리즈물 최종 편(?)입니다.

23년의 회사 생활과 10년 가량의 봉사단체 근무를 마치고, 일선에서 은퇴하여 집으로 돌아온 날, 거실의 벽면이 멋있게 장식되어 있었습니다. 거기에는 이렇게 적혀 있었지요.

'아버지의 은퇴를 축하합니다.'

'은퇴'를 의미하는 영어 단어는 'Retire', 이 단어를 분리해 보면 re + tire가 됩니다. 결국 은퇴라는 것은 지금까지 사용해오던 타이어를 새로 바꾸어 끼우는 것이랍니다. 벽면 장식에 시커먼 타이어가 그려져 있는 이유였습니다. 축하 케이크도 검정색 타이어를 연상시키는 작은 도넛을 네 개 얹어서 만들었고 재출발을 의미하는 촛불 한 개가 꽂혀 있더군요.

감동해서 할 말을 잃고 서있는데, 아들이 등에 지고 있던 가방을 벗어 제게 가방 채로 주었습니다.

"자, 이거 아버지 은퇴 축하 선물이에요. 늘 가지고 싶어 하셨죠?"

그 가방 속에는 노트북 컴퓨터가 한 대 들어있었습니다.
컴퓨터에 붙어 있는 아이들의 카드에는 이렇게 쓰여 있었
습니다.

'새로운 시작을 위한 준비

인생에서 가장 중요한 4쿼터

준비되셨죠?

하나님이 감독이시고 가족들이 동료입니다.

자! 믿음으로 GO! GO!'

회갑 날의
눈물

　수명이 길어지다 보니 요즘 '회갑'은 예전 같은 의미를 갖지 못하는 것 같습니다. 그러나 60회 생일을 맞는 당사자의 감회는 남다를 것입니다. 저도 그동안 살아온 세월의 무게만큼 또 한편으로는 정체를 알 수 없는 공허감과 앞날에 대한 막연한 불안감과 막중한 책임감이 뒤섞여 있는 복잡한 심정을 감출 수 없었습니다. 저의 회갑 날, 그냥 지내기엔 가족들의 성화도 있고 해서 한국에 있는 가족들만 초대해서 조촐한 축하 외식을 했습니다.

　식사를 마치고 집에 돌아와 보니 미국의 가족들에게서 배달된 꽃다발이 반기고 있었습니다. '지구촌 한 가족'이라

더니 이렇게 전화 한 통이면 척! 하고 내 마음을 전할 수도 있으니 참 좋은 세상입니다.

잠시 후 아이들에게 부탁해서 그동안 우리 집에서 사용했던 모든 양초들을 집합시켰습니다. 아이들 눈치가 이랬습니다. '우리 아빠가 이날을 그냥 평범하게 넘기시진 않을 거다.' 물론입니다. 당연히 그 기대에 부응해줘야지요!

여기저기에서 찾아 모아 놓으니 어느새 양초가 수십 개에 달했습니다. 거실 바닥에 죽 양초들을 늘어놓으니 색깔도 각양각색이어서 마치 양탄자를 깔아놓은 듯 보기에 그럴듯했습니다. 그 양초 하나하나에 불을 켜고 거실의 불을 껐습니다.

양초를 켜보신 분들은 알겠지만, 이 양초라는 것이 묘한 매력을 갖고 있습니다. 형광등보다 훨씬 어두운데도 불구하고 양초를 켜놓으면 독특한 분위기를 만들어냅니다. 더욱이 바람이라도 불면 불꽃이 이리저리 일렁이며 근사한 그림자 율동까지 만들어내지요.

우리 가족은 모두 소파에 앉아 그 너울대는 촛불을 잠시 바라보았습니다. 한동안 편안하면서도 은근한 기대감에 들뜬 침묵이 거실을 채우고 있었습니다. 한마디로 분위기 좋았습니다. 저는 조용히 일어나 안방으로 들어가 미리 준비해놓았던 대야에 따뜻한 물을 담아 하얀 타올과 함께 들고 거실로 나왔습니다.

"자, 지금부터 오늘의 주인공 환갑노인이 세족식을 거행합니다. 먼저 엄마, 이쪽 의자로 와 앉으세요."

아내는 다소 당황스럽고 쑥스러운 표정으로 의자 앞으로 나와 앉았습니다. 그런 아내 앞에 저는 무릎을 꿇고 앉았습니다. 그러고는 준비한 카드를 펴서 읽기 시작했습니다.

60회 생일을 맞아 사랑하는 아내에게,
그동안 이 부족한 남편으로 인해 제 아내가 흘려야 했던 눈물과 고통의 흔적을 하나님께서는 다 아십니다. 아내를 섬기는 마음으로 발을 씻겨 줄 때 아내에 대한 저의 잘못들도 다 씻기게 하시고, 아내가 저로 인해 받았던 상처도 하나님께서 깨끗이 씻어 주시옵소서! 주님의 섬김을 본받아 앞으로 더욱 섬기며 사랑하는 삶 살겠습니다.

낭독한 카드를 아내의 손에 쥐어준 뒤 아내의 발을 씻어 주었습니다. 아내의 발에는 오랜 세월의 흔적인양 굳은살

회갑날 치루어진 사랑하는 아내를 위한 세족식

이 박혀 있었습니다. 뭐라고 설명할 수 없는 뭉클한 감정이
마음 저 깊은 곳에서부터 목울대를 밀고 넘어왔습니다. 한
남자와 한 여자로 만나 이렇게 오랜 세월을 함께 했다는 것
이 애잔하고 대견했습니다. 그렇게 한참 동안의 시간을 들
여 천천히, 그리고 정성스럽게 발을 씻겨 주었습니다.

이렇게 그날 저는 아들과 딸에게도 각각 감사와 사죄의
글을 읽어주며 차례로 발을 씻겨주었습니다. 어디서부터,
무엇으로부터 오는지 모를 벅찬 감정이 우리 네 가족의 가

습을 가득 채우고 넘쳐 모두 눈물범벅이 되었습니다. 가족이어야만 느낄 수 있는 많은 것들이 담긴 사랑과 고마움의 눈물이었겠지요.

"여보, 사랑해요!"

"아빠, 사랑해요!"

"그래, 사랑한다. 고맙구나! 네가 내 딸인 것이….'"

"사랑한다, 아들아! 고맙다."

사실 우리 가족에게 포옹은 그리 낯설거나 어색한 것은 아닙니다. 그런데 유독 이날의 포옹은 좀 느낌이 달랐습니다. 특히 이제는 다 커서 키가 저보다 더 큰 아들과의 깊은 포옹은 너무도 인상적이었습니다. 아무리 부자지간이라고 해도 아무래도 남자끼리의 포옹은 좀 어색할 수밖에 없습니다. 하지만 그날 아들과의 포옹은 마치 연인과의 포옹만큼이나 자연스럽고 마치 상대방에게 녹아들어가듯 깊숙한 포옹이었습니다. 지금도 그날의 아들과의 포옹은 기억에 생생하게 남아 있습니다.

돌아온 육십갑자, 저의 환갑잔치는 그렇게 마무리되었습니다. 창밖으로 내다 본 겨울 밤하늘의 별빛은 그날따라 더욱 영롱해 보였습니다.

어느 새벽,
집을 나서는
가장의 변(辯)

어느 해 12월 이른 새벽, 가족들과 미처 인사도 나누지 못한 채 조기 출근을 하면서 이런 메모를 남긴 적이 있습니다.

'자고 있는 모습들을 바라보며 일터로 나가는 가장의 ○○을 그대들은 아시는가? 마지막 달의 첫째 날, 더 많이 감사하는 12월이 되도록 더 기도하자. 모두 사랑한다.'

그날 옷깃을 파고드는 한겨울의 새벽 냉기를 뚫고 집을 나서면서 아내와 아이들의 자고 있는 모습을 차례로 들여다보며 느낀 감정은 한마디로 쉽게 표현이 안 되더군요. 그래서 얼마간 고민을 하다가 결국 그냥 빈칸으로 남겨둔 채 집을 나서고 말았지요.

출근 후 문자로 집에 연락을 했습니다. 내 메모지의 빈칸을 맞게 채운 사람에게는 저녁 때 상을 주겠다고요. 그렇게 문제를 낼 때까지도 출제자인 저 역시 정답을 알지 못했습니다. 그 복잡하고 다층적인 감정의 결을, 제 가슴속을 떠돌던 그 애틋한 감정의 느낌을 한마디로 표현해줄 수 있을 만한 단어를 쉽게 찾을 수 없었습니다.

저녁에 돌아와 보니 여러 개의 답을 메모지 옆에 적어 놓았더군요.

'행복', '기쁨', '다짐'….

그러나 그것들이 제 마음을 정확히 표현해주는 단어는 물론 아니었습니다. 뭔가 새벽의 그 느낌에 꼭 들어맞는 단어 말입니다. 아, 그때 퍼뜩 머릿속을 스쳐가는 단어가 하나 있었습니다.

그것은 바로 '기픔!'이었습니다. '기픔!'

물론 사전에는 없는 말입니다. 제가 즉석에서 만들어낸 말이었으니까요.

하지만 이 말이 어쩌면 그래도 조금은 그 심정에 근접해 있는 단어 같았습니다. 편안히 잠들어 있는 식구들의 모습을 들여다보는 가장의 마음에 어찌 기쁨이 없을 수 있겠습니까. 하지만 동시에 뭔지 모를 어떤 슬픔 같은 것도 동시에 가슴속에 일렁이고 있었습니다.

기쁨 + 슬픔 = 기픔! 가족을 향한 사랑과 애잔함이 섞인, 아버지들만이 공감할 수 있는 공식이 아닐런지요.

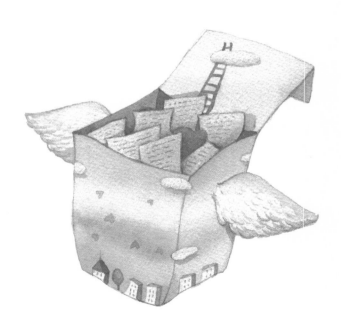

아내의
병상에서

한 가정의 가장으로서 대부분의 아버지들이 이런저런 힘
든 일을 겪지만, 그중에서도 아내가 아픈 것만큼 고통스런
경험도 없습니다. 저 역시 그런 경험을 했습니다. 입원실로
들어가던 아내의 모습과 '수술 중'이라는 전광판이 켜진 수
술실 앞에서의 기다림은 아마도 지금까지 겪은 기다림 중
에서도 가장 오랜 기다림이었을 겁니다.

다행히도 아내는 수술을 받고 잘 회복이 되어서 지금까
지 건강한 모습으로 잘 지내고 있습니다. 돌이켜 생각해보
면 당시의 경험은 한편으로는 이루 말할 수 없이 고통스런
기억이지만, 또 다른 면에서는 가족과 아내의 소중함에 대

해 더욱 깊이 느끼고 생각해볼 수 있는 소중한 기회를 제공하기도 했습니다. 의미 없이 주어지는 고난은 없다는 귀한 깨달음을 얻는 전기가 되기도 했습니다.

아내가 세브란스 병원에서 퇴원한지 1주년이 되던 날. 저희 가족은 모두 함께 병원을 찾았습니다. 같이 산책했던 길, 함께 앉아 기도드리고 예배드렸던 병원 채플실, 라떼 커피가 참 맛있었던 휴게실 등 1년 전 우리가 함께했던 추억을 되새기는, 정말 우리만의 가족 기념 데이트를 즐겼던 것이지요. 건강을 회복한 아내와 함께 추억의 벤치에 앉아 사진도 찍고….

병상 곁에서 누구보다 가까이 아내의 고통을 지켜봤던 남편으로서, 가장으로서, 그날의 감회는 남다를 수밖에 없었습니다. 그날 저는 자녀들과 함께 아내가 입원할 때부터 중환자실을 거쳐 일반 병실로 옮길 때까지 제가 큐티 책에 기록했던 내용들을 나누었습니다. 개인적인 내용이라 조금 부끄럽기도 했지만, 아이들에게 가족이란 게 무엇인지를 알려줄 수 있는 귀한 기회라 생각되었기 때문입니다.

07-14

- 주께 민감해짐으로써 주의 인도하심을 분별하고 즉각 순종할 수 있는 믿음을 주소서, 주여!
- 실족치 않게 도우소서! 주여, 밝은 길로 인도해 주시니 감사합니다.
- 오늘, 아버님의 90회 생신날! 아버님의 90 평생을 인도해 주신 하나님께 영광! 모든 것을 다 주님께 맡기오니 주여 뜻대로 진행하시고 주관해 주옵소서.
- 사람이 일을 할지라도 그것을 이루시는 분은 하나님이시다.
- 속수무책으로 닫혔던 듯 보이던 문이 사실은 우리의 영혼을 그리스도께로 인도하기 위한 하나님의 섭리였다. 하나님이 한쪽 문을 닫으실 때는 어딘가 다른 데 더 효과적인 사역의 문을 여시기 위한 준비일 수 있다.

- 좋으신 하나님, 제게 고난까지 주님의 시각으로 볼 수 있는 눈을 주소서. 언제나 우리에게 선한 것을 주시길 원하시는 하나님을 기대함으로 이 시간을 인내하게 하소서.
- 사탄은 악을 위해 환난을 꾀했지만, 하나님께서는 선을 위해 그것을 예정하셨다.
- 그리스도에 대한 단순한 신뢰 – 그리스도 안에서 하나님이 모든 일을 행하심으로 우리가 영원히 그분을 소중히 여기기를 즐거워 할 수 있도록 해주시리라는 것을 믿는 것이다.

- 과연 우리는 '기도'하고 있는가? 하나님께서 하라시는 기도 말이다.
- 우리의 문제는 잘못 기도하는 것이 아니라 거의 또는 전혀 기도하지 않는다는 것이다.
- 포기해야 할 것과 포기해야 할 때를 분별하며, 포기함으로 얻는 비밀을 배우게 하소서.

- 영적 성장은 저절로 이루어지지 않는다. 그것은 적절한 노력의 결과다.
- 때로는 우리도 육신의 피로와 불편, 그리고 그로 말미암은 침체를 딛고 일어서서 마땅히 해야 할 일을 했을 때 놀라운 열매가 맺히는 것을 보게 됩니다.
- 복 받는 자에서 복의 근원이 되는 자가 되라.

- 주님의 다스리심이 나타날 수 있도록 지혜롭게 상황을 이끌게 하소서.

- 07:28 수술실 입실.
- 웃으며 여유 있게 수술실로 들어가는 아내의 모습에 감사!
- 21:45 마지막 남은 '수술 중'이라는 전광판은 바뀔 줄도, 꺼질 줄도 모르고….
- 밤 10시 너머까지 목사님, 사모님, 많은 성도들이 함께 앉아 예배(찬송 '주님의 뜻을 이루소서'/ 롬 8:28).

- 20일 00:25 드디어 '회복 중'으로 바뀐 마지막 전광판
- 오, 주여! 항상 모든 것을 다 아시고 먼저 아시는 주님, 주님만 따르렵니다!
- 모든 사람의 마음은 하나님의 눈앞에 있는데, 그것은 하나님께서 모든 나라와 모든 영을 손 안에 쥐고 계시기 때문입니다.
- 새벽 1시도 넘어 중환자실로. 생각보다 괜찮은 모습에 안도. 아내여, 수고했소!

07-20

- 새벽 1시 30분도 넘은 시간, 아들 종인이와 의사인 처제, 내게 다가와 서로 포옹하며 속삭이듯 한 말 "God works" "하나님의 은혜예요"
- 대기실에서 새우잠. 자는 듯 마는 듯 거의 뜬 눈으로 보내다 새벽 예배실에 들러 기도, 기도, 기도…. 병동 야외 공원에서 큐티.
- 첫 면회. 빠른 회복에 감사. 주님이 붙잡아 주실 줄 믿습니다. 감사의 샘물이 메마르지 않게 하소서. 은혜에 감격하는 그런 싱싱하고 풍성한 삶 말입니다.

- 아내의 말, 7월 20일은 내가 다시 태어난 날!"
- 저녁 면회 시간, 아내가 부른 찬송 '나 이제 주님의 새 생명 얻은 몸'
- 하나님의 뜻을 묻고 하나님의 뜻에 순종하는 삶이 곧 승리의 삶, 성공의 삶!

- 12시, 면회와 점심식사를 끝낸 후 드디어 중환자실에서 탈출! 감개무량!
- 오늘은 내가 제일 행복한 날!
- 수술 이후 처음으로 일반 병실에 식구들 다 모이다. 온가족이 이렇게 함께 얼굴을 마주 대할 수 있다는 사실만으로도 감사, 감사…!

"이제 내 마음을
알겠느냐?"

저의 아들은 시쳇말로 '범생이'입니다. 어려서부터 착해서 부모 말에 순종하고 정말 어디 한 구석 탓할게 없는 아이입니다. 외국어고등학교를 거쳐 의대를 나와 그 힘들다는 인턴, 레지던트까지 다 잘 마쳤습니다. 이제 군복무만 끝내면 어디 내 놓아도 손색없는 일등 신랑감임이 분명합니다.

헌데, 그럼에도 불구하고 부모로서 안타깝고 성에 안 차는 것 한 가지, 바로 미지근한 것 같은 신앙생활 태도입니다. 물론 군말 없이 주일이면 교회도 잘 출석하지만 가끔 예배시간에 졸고는 해, 옆에 앉은 부모를 민망하게 했던 적도 있습니다. 더러 다른 젊은이들의 신앙 간증이나 선교보고

등을 듣게 되면 부럽고 우리 아들도 본받았으면 하는 마음이 컸습니다.

매달 1일 사다 주는 큐티집을 받아 갈 때는 "고맙습니다"라는 인사를 잊지 않지만 어쩌다 책상 위의 큐티집을 펴 보면 읽어본 흔적 없이 깨끗하기만 합니다. 머리가 다 큰 아들이고 이미 전문의가 되어 있는 성인인데 일일이 잔소리한다고 될 것 같지도 않고…. 그렇게 벙어리 냉가슴 앓듯 끙끙 속으로 앓고만 있는데 마침 아들이 군의관으로 입대하게 되었습니다.

아래 글은 아들의 군입대 전후의 시기에 있었던 이야기입니다.

심사숙고 끝에 고른 책

내심 기대가 되었습니다. 대한민국의 남자들은 군대 가면 사람이 된다고 하지 않습니까? 이번 기회에 아들이 신앙적으로 도전을 받게 된다면 얼마나 좋을까, 아니 그보다는 군대라는 특수 집단으로 가는 마당에 무엇보다 신앙적으로 좀 단단해져서 가야 하는 것 아닌가 하는 희망과 조바심이 함께 들었습니다.

　그래, 기회는 이 때다! 입대 전까지 남은 일주일, 절호의 찬스를 살리는 거야! 좋은 신앙 서적을 한 권 추천해 입대 전에 읽고 가도록 하는 것, 그것이 저의 계획이었습니다. 그런데 문제는 어떻게 읽게 만드느냐 하는 것이었습니다. 이전에도 더러 신앙 관련 서적을 권했지만 역시 페이지를 넘긴 흔적이 잘 보이지 않았습니다. 말을 물가까지는 끌고 갈 수 있어도 억지로 물을 먹일 수는 없었습니다.

　하지만 좋은 머리 뒀다가 무엇에 쓰겠습니까? 나름 고민을 했습니다. 아들이 군 입대를 며칠 앞둔 시점에서 젊은이들에게 신앙적으로 도전이 될 책이 필요했습니다. 책을 받은 뒤 옆으로 밀어놓지 않고 읽도록 하기 위해서는 부담 갖지 않고 손쉽게 펼쳐 읽을 수 있는 책이어야 했습니다.

　이때 고려 사항 1조는 책의 내용 못지않게 책의 볼륨이었습니다. 너무 두꺼우면 안 되고, 만만한 분량에 제목도 쌈빡하면 더 좋겠고…. 이러다보니 그런 책을 고른다는 게 보통 일이 아니었습니다. 심사에 숙고를 거듭한 결과 이 정도면? 하는 책이 골라졌습니다. 손경구 목사님의 '습관과 영적 성숙'이란 책이었습니다.

실제로 저는 이 책을 밑줄을 그어가며 반나절 만에 재미있게 읽었습니다. 아마도 알 만한 사람은 다 알 겁니다.

새벽마다 쌓은 기도의 제단

아들 녀석이 이런 아비의 심정을 알까 싶었습니다. 아들 하나를 위해 이렇게 시간과 정성을 들여 책 한 권을 고르는 심정 말입니다.

두근거리는 마음으로 책을 사서 "군대 가기 전에 꼭 한 번 읽어 보거라"는 당부의 말과 함께 선물을 했습니다. 하지만 이틀이 지나도록 그 책은 책꽂이에 그대로 꽂혀만 있을 뿐이었습니다. 아니, 어떻게 이럴 수가! 그렇다고 "너 왜 책 안 읽어?"하며 언성을 높일 수도 없는 일이었습니다. 그래서 넌지시 돌려서 물어보았습니다.

"그 책, 쉽게 읽히지? 다 봤니?"

"아뇨. 이전에 한 번 본 책 같던데요."

대답은 간단했습니다. 그렇게 공을 들였건만 그 간단한 대답 하나에 모든 게 우르르 무너지는 느낌이었습니다.

아들은 그렇게 군대로 떠났습니다. 아들이 떠난 후 저는 자괴감에 시달렸습니다. 왜 우리 아들은 좀 더 신앙적으로 강건하지 못한 것일까? 이 아버지가 그렇게 기도하고 기대하고 바라건만 너는 왜 내 마음을 그리 모르는 것일까? 혹시 아비인 내가 본이 되지 못해 그런 것은 아닐까? 이런 생각들이 저를 괴롭혔습니다.

그렇게 아들을 군대로 떠나보내고 저는 새벽마다 기도의 제단을 쌓았습니다. 부디 힘든 훈련을 잘 견뎌낼 수 있도록, 어려움 속에서도 오히려 신앙적으로 강한 군사가 되어 승리할 수 있도록 도와달라고 하나님께 매달렸습니다.

"주여, 우리 아들이 정말로 주님 앞에 강한 군사로 서게 하시고, 인생의 최우선 순위가 주님이 되게 해 주소서. 주님께 영광을 돌리는 삶이 아들의 삶의 목표가 될 수 있도록 해주시고 늘 깨어서 기도하는 아들로 삼아주소서!'

막상 이렇게 기도는 했지만 제 마음은 뭔가 아쉽고 영 미덥지가 않았습니다. 기도는 하면서도 뭔가 힘이 붙지 않는 것 같은 느낌에 지쳐가고 있었습니다.

제 마음을 채운 감사의 기도

그러던 어느 날이었습니다. 늘 그렇듯이 기도를 하고 있었는데, 제 마음속에서 이런 음성이 들려오는 것 같았습니다.

"아들아, 이제 내 마음을 알겠느냐?"

그 음성은 주님께서 자녀된 저에게 직접 말씀하시는 것 같았습니다. '봐라! 이 하늘 아버지가 얼마나 너를 안타깝게 생각하고 있는지, 이젠 좀 알겠지?'라고 말씀하시는 것 같았습니다. 뭔가가 제 머리를 강타하는 것 같았고 정신이 번쩍 드는 느낌이었습니다. '아, 그렇구나!' 저의 미지근한 신앙을 다 보고 계시는 우리 주님이 어쩔 수 없이 느끼실 그 못 미더움이랄까? 아들의 모습이 영락없는 제 모습이었습니다.

'이제 내 마음을 알겠느냐?'고 물으시는 주님 앞에서 저는 할 말을 잃고 말았습니다. 메말라 있던 저의 눈에서 뜨거운 눈물이 흐르는 봇물처럼 쉬지 않고 쏟아져 결국 저는 하염없이 흐느끼기 시작했습니다. 아들을 위한 기도는 저의 죄를 회개하는 기도로 바뀌어 있었습니다.

잊지 못할 그날의 감격

입대 후 두 달이 지난 어느 토요일, 아들이 첫 외출을 나왔습니다. 어깨는 넓어졌고 다문 입술이 강인해 보였습니다. 듬직해진 모습이었습니다. 그런 아들의 모습을 보고있자니 가슴이 뿌듯해졌습니다.

다음 날 주일이었습니다. 평소 집에 있을 때도 늦게 자고 늦게 일어나는 습관을 갖고 있는데다 고된 훈련의 연속이었으니 오죽 잠이 고팠겠습니까. 그래서 일부러 깨우지 않았습니다. 그래 푹 자거라. 오후에는 또 귀대해야 할테니….

우리 부부가 교회에 앉아 마음으로 준비 기도를 마치고 막 예배가 시작되려는 순간, 뒤에서 휙 인기척이 났습니다. 그리고는 제 옆으로 한 사나이가 저벅저벅 다가와 앉으며 제 왼손을 꼭 잡았습니다. 깜짝 놀라 바라보니 바로 아들이었습니다. 어, 아직 자고 있어야 할 녀석이 어떻게 여길…. 행여 문소리에 잠이라도 깰까봐 조심조심해서 나왔는데….

저는 그날의 감격을 잊지 못합니다. 우리 주님은 어떻게 이렇게 오묘한 방법으로 저의 기도를 들어 주시는 것일까요! 저는 속으로 "할렐루야!"를 외쳤습니다. '너의 모든 염려를 다 맡기라. 우리 주님이 돌보신다!' 주님, 감사합니다. 감사합니다….

아들은 임관 후 수도권 부대로 배치를 받았습니다. 그리고 집에서 출퇴근을 하면서 주일이면 저희 부부와 함께 예배를 드리고 있습니다. 신기한 일은, 예배드리는 중에 가끔 졸던 아들의 버릇이 깨끗이 사라졌다는 것입니다. 찬송을 부르는 목소리도 힘차졌고…! 모든 것이 그저 감사할 뿐입니다.

제4장

부모님,
나의 부모님

'가정이 인생의 베이스캠프'라고 내게 처음 말해 준 사람은
바로 아버지였습니다. 그 말을 처음 들었을 때는 내가 어렸던 탓에
그 의미가 선뜻 마음에 와 닿지 않았었지만,
나이가 들면서 그 말씀의 깊은 의미를 점점 더 절감하게 되었습니다.
실제로 저의 아버님은 그 말씀대로 평생을 실천하며 사셨습니다.
가정과 직장 그리고 교회, 이 세 가지가 아버님의 삶의 전부였습니다.
평생을 그렇게 사셨습니다.
그래서 저는 아버님을 '트라이앵글 행복 전도사'라고 부르곤 합니다. 그리고
그 세 가지 중 최고는 당연히 인생의 베이스캠프인 '가정'이었지요.

A Father's Love Song for Family!

부모님의
금혼식

　서울 올림픽이 열렸던 1988년은 저희 부모님의 결혼 50
주년이 되는 뜻 깊은 해였습니다. 말이 50년이지 전혀 모르
던 남녀가 만나 함께 반백년을 산다는 것이 어디 그리 쉬운
일이었겠습니까? 그 긴 세월의 행로에 어찌 날이면 날마다
햇살이고 좋은 날이었겠습니까? 비오고 바람 부는 세월은
또 얼마였겠습니까?

　두 분의 그 세월을 미루어 짐작할 수 있었기에 저는 1년
전부터 두 분을 위한 행사 계획을 미리 세웠습니다. 결혼기
념일이나 생일 같은 경우는 고정된 것이기 때문에 미리미
리 여유를 가지고 준비할 수 있다는 장점이 있지요. 미리 계

획서를 만들어 국내외에 흩어져 있는 가족들에게 보내는
일은 항상 셋째 아들인 저의 몫이고 기쁨이기도 합니다.

금혼식 행사 계획

행사 계획 초안 작성에 즈음하여 가족 모두에게 이 글을 드
립니다.

할렐루야! 내년, 부모님의 결혼 50주년을 맞이하여 뜻 깊은
날을 기념하는 계획을 마련케 해주신 하나님께 먼저 감사
드립니다.

금혼식의 참된 의미를 여기서 새삼 이야기할 필요는 없겠
으나, 자녀들의 뜻과 정성을 한데모아 한량없으신 부모님
의 은혜에 백만분의 일이라도 보답할 수 있는 기회가 되었
으면 합니다.

시애틀, 로스앤젤레스, 서울 등으로 흩어져 있는 우리들의
형편 관계로 일의 효과적인 추진을 위해 서울에서 우선 일
차적인 계획을 이번에 알려드리게 되었음을 양해해주시기
바랍니다.

충분히 검토해주시고 어떠한 의견이라도 좋으니 도움이 될
말씀을 12월 19일까지 전해주시기 바랍니다. 그 모든 의견

을 십분 참작하여 금년 내 최종안을 확정, 늦어도 88년 1월 초까지 알려드리겠습니다.

이 일을 추진함에 있어서 무엇보다 중요한 핵심은 어떤 유형의 것이 아니라 '우리의 마음'이라는 무형의 준비물이라고 생각합니다.

기도하시는 중에 부모님의 금혼식이 성대히 마련될 수 있도록 힘을 모아 주시기 바랍니다.

감사합니다.

이후 태평양을 오가는 가족들의 협조와 아이디어 그리고 기도의 힘이 모이고 모여 마침내 88년 7월 계획대로 서울 63빌딩에서 성대하게 금혼식이 치러졌습니다.

그날 우리 형제들은 두 시간 전에 행사장에 도착했습니다. 그리고는 넓은 컨벤션홀 중앙에 빙 둘러서서 서로 손을 마주 잡고 이날의 행사를 위해 함께 기도했습니다. 부모님의 금혼식을 위해 자식들이 함께 기도했던 그날의 풍경을 저는 지금도 잊을 수 없습니다.

저의 아버님은 행사 시작 시간이었던 7시 30분이 되면 몇 명이 참석했든 관계없이 무조건 식을 시작하라고 명령하셨

부모님 금혼식 초청장

습니다. 아버님은 평소에도 늘 그러셨기 때문에 새삼스러
울 것도 없었습니다.

하지만 그날따라 여름 장마 비가 주룩주룩 내리는 금요
일 저녁 시간이어서 과연 제시간에 행사를 시작할 수 있을
지 저로서는 내심 걱정되고 불안하기 그지없었습니다.

그런데 참으로 신기한 일입니다. 초대장을 보냈던 거의
모든 분들이 부부 동반으로 제 시간에 정확히 맞추어 참석한 것입니다. 그날 일은 지금 생각해도 신기할 따름입니다.

이날 행사에 참석한 사람들은 일가친척과 주로 아버님의 제자들이었습니다. 황해도 신천 농업학교 제자들이었는데, 대부분이 머리가 희끗 희끗한 노인분들이었습니다. 그런 어르신들이 앞으로 나가 "선생님~!"하면서 아버님께 단체로 큰절을 올리는 모습은 그야말로 가슴이 뭉클해지는 풍경이었습니다.

사진으로 보는 우리 집 이야기

이날의 하이라이트는 예배 후에 상영된 슬라이드 쇼였습니다. 제목은 '사진으로 보는 우리 집 이야기'였는데, 하객들의 반응이 뜨거웠습니다. 여러 사람으로부터 슬라이드 복사본을 얻을 수 없겠느냐는 문의를 받기도 했습니다. 당시 슬라이드를 보면서 해설을 맡아주었던 아나운서는 이런 녹음은 처음이라면서 끝내 사례금을 안 받더군요!

다음은 슬라이드 상영 전에 하객들에게 드린 장남의 인사말입니다.

지금부터 약 20분 동안 보시게 될 슬라이드의 내용은 오늘 결혼 50주년을 맞으신 저희 부모님의 옛 모습과 오늘의 모습을 중심으로 엮은 내용입니다.

오래되고 퇴색된 사진, 그것마저도 상당부분 이북 땅에 남겨두고, 또는 피난살이에 없어진 상태에서 만들어진 내용으로 이렇게 귀한 시간 여러분 앞에 공개하는 것이 송구스럽고 부끄럽습니다.

그러나 부족한대로 여기 보시게 될 사진 내용을 통해 어느한 부부의 결혼 50년의 역사라고 할까요, 반백년 인생살이의 변천과정을 함께 더듬어 보는 것도 의미 있는 일이라고 믿고 싶습니다.

이 슬라이드 제작을 위해 숙부님을 비롯해서 사촌 형님 중 장형이신 원배 형님 등이 귀한 사진을 제공해 주신데 대해 감사드립니다.

그리고 저의 귀국이 좀 늦어져서 제가 직접 슬라이드에 해설 녹음을 넣지는 못했지만 편의상 장남인 인배 저를 기준으로 한 것임을 아울러 밝혀 드립니다.

끝으로, 한 가지 말씀드릴 것은 슬라이드 중간 중간에 네잎 클로버가 등장합니다. 이 클로버는 저의 아버님과 어머님께서 수년 동안 수집해 모은 것으로 모두 27개의 크고 작은 네잎 클로버들입니다. 이 27개라는 숫자는 저희 부모님과 자녀 손을 모두 합친 숫자입니다.

이제 같이 보시겠습니다. 감사합니다!

행사가 성대하게 잘 끝나고 감동이 채 가시기전, 집으로 돌아오는 차 속에서 우리 아이들이 제게 건넨 말입니다. 당시 아들은 11살, 딸은 9살 때였습니다. 그날 아들 녀석은 손자 대표로 할머니께 꽃다발을 드리는 역할을 맡았습니다. 빨간 나비넥타이를 매고 할머니께 꽃다발을 전하는 모습이 무척 귀여웠지요!

"아빠…"

"왜?"

"…"

"종인아, 왜?"

"아뇨…, 그런데 우리는 나중에 어떻게 해요?"

"나중에 뭘…?"

"아버지, 어머니 금혼식 같은 거 하려면 우리는 종경이하고 나 둘 밖에 없잖아요! 아버지 형제는 여섯이나 되구요!"

이때 딸이 슬쩍 추임새를 넣더군요.

"맞어…!"

앞좌석의 아내가 몸을 돌려 뒷좌석에 앉아 있던 아이들의 손을 꼬옥 붙잡아 주며 이렇게 말했습니다.

"아이고, 요 귀여운 것들! 그게 걱정이 됐구나. 그때가면 또 그 때대로 다 방법이 있어. 너희들은 이번에 아빠 형제들 못지않게 더 잘 할 수 있을 걸?"

그 말을 듣고 있는데, 아이들의 그 마음이 한없이 따뜻하고 예쁘게 느껴져 주책없이 눈앞이 흐려졌습니다. 이것이 가정이겠지요. 가정을 '작은 천국'이라고 부르는 것은 공연히 나온 표현이 아니겠지요.

'도란도란 피는 꽃'과
27개의
네잎 클로버

우리 부모님의 이야기를 하지 않을 수 없을 것 같습니다. 오늘의 저를, 지금의 저를 저일 수 있도록 평생의 삶을 통해 본을 보이고 이끄셨던, 육신의 부모이자 제 삶의 멘토였던 아버님과 어머님에 관한 이야기입니다.

'가정이 인생의 베이스캠프'라고 제게 처음 말해 준 사람은 바로 아버지였습니다. 그 말을 처음 들었을 때는 제가 어렸던 탓에 그 의미가 선뜻 마음에 와 닿지 않았었지만, 나이가 들면서 그 말씀의 깊은 의미를 점점 더 절감하게 되었습니다. 그리고 기회가 있을 때마다 다른 사람들에게도 이 이야기를 해주게 되었습니다.

그렇습니다. 실제로 저의 아버님은 그 말씀대로 평생을 실천하며 사셨습니다. 가정과 직장 그리고 교회, 이 세 가지가 아버님의 삶의 전부였습니다. 평생을 그렇게 사셨습니다. 그래서 저는 아버님을 '트라이앵글 행복 전도사'라고 부르곤 합니다. 그리고 그 세 가지 중 최고는 당연히 인생의 베이스캠프인 '가정'이었지요.

이것은 두 분의 오랜 자녀 양육 방침이기도 합니다만, 결혼한 아들이나 딸과 함께 사시는 법이 없이 부모님은 항상 두 분이 같이 사셨습니다. 이민을 가신 후에도 별도의 아파트에서 두 분만 따로 사셨는데, 1991년 어머니가 하늘나라로 가신 뒤에도 아버님은 장남의 권유에도 불구하고 그냥 사시던 아파트에서 돌아가실 때까지 사셨습니다.

어머니는 아버지와는 성격이 다른 편입니다. 어머니는 이민을 떠나시기 전까지 공직생활을 했습니다. 고아와 불우 여성 선도사업과 걸스카우트를 비롯한 부인회 활동, 교회 전도회 활동 등 타고난 리더십으로 사회 곳곳에서 영향력을 발휘하며 지내셨습니다. 그러면서도 얼마나 부지런하셨던지 손에는 항상 책 아니면 뜨개질바늘이 떠나지를 않았습니다. 반면에 아버님은 세심해서 가정적이셨습니다.

아버님과 어머님은 이렇게 서로 다른 면을 갖고 계셨지만, 금슬은 항상 좋았습니다. 얼마나 금슬이 좋았는지 두 분이 부부싸움은 고사하고 다투는 소리 한 번 들은 적이 없습니다. 늘 서로 존대를 하시면서 우리들이 자라는 동안 단 한 번도 거르지 않고 가정예배를 드리는 등 자식들의 본이 되어주셨습니다.

어머님은 안타깝게도 73세를 일기로 작고하셨는데, 생전에 늘 말씀하셨던 가족문집을 결국 못 내드렸던 것이 항상 마음에 걸렸습니다. 어머님은 지난 가족사를 이야기로 엮어 자자손손 전함으로써 가정의 중요성과 고마움을 드러내고 가정 행복의 길라잡이로 삼는 것이 얼마나 중요한지를 강조하셨습니다.

시간적으로 좀 늦긴 했지만 우리 집의 가족문집 '도란도란 피는 꽃'은 나중에 시애틀에 있는 어머님의 묘소에 헌정되었습니다. 이 가족문집에는 1947년 봄 38선을 넘던 기억을 더듬어 두 분의 목소리로 이야기하듯 쓰신 글과, 어머님을 먼저 하늘나라로 떠나보내고 아버님이 어머님과의 지난 날을 회상하며 진솔하게 쓰신 글, 그리고 아버님의 몇몇 수

가족문집 표지

필과 대학 정년퇴임사가 실렸습니다. 그 외에도 1988년 서울에서 치른 금혼식 때 상영되었던 슬라이드 내용이 '사진으로 보는 우리 집 이야기'로 정리되어 담겼습니다. 아울러 1980년대 중후반 경 태평양을 오갔던 가족의 편지 내용도 일부 소개되어 있는, 문자 그대로 소박한 한 가족의 이야기 책입니다.

'도란도란 피는 꽃'에 실린 글 가운데 연로하신 아버님이 직접 쓰신 '아내의 발자취'편 중 일부를 소개하려 합니다.
조금 표현은 어색해도 아버지가 직접 말씀하시는 듯한 그
느낌 그대로 싣는 것이 좋을 듯해, 처음 책에 실린 대로 가
감 없이 옮겨봅니다.

아내의 발자취

아내가 먼저 간지 3년이 되었다. 점점 잊혀져 갈 법도 한데 아직도 그렇지가 못하다. 외출하고 돌아올 때면 "어서 오세요"하고 반갑게 맞아 줄 것만 같다.

지내놓고 보니 너무나 짧은 세월이었다. 아내가 걸어온 길은 의연하고 빈틈이 없었다. 신앙인으로서, 공직생활 20여 년의 공인으로서, 아내로서, 6남매의 어머니로서…. 어찌 그리 꽉 찬 삶을 살다갔는지…. 어느 한 군데 미흡했다고 생각되는 부분이 없다. 아내의 발자취를 조금이나마 여기 남겨보고 싶다.

도시락 바닥의 계란

1937년으로 기억한다. 당시는 일제시대가 아닌가! 신사참배 문제로 교계와 미션 계통 학교에는 초비상이 걸렸다.

아내는 졸업 후 직장생활을 하던 중 여학교 시절 존경하고 사랑받았던 음악 담당 차경수 선생이 신사참배반대운동 혐의로 유치장에 감금되었는데 건강상태가 좋지 않다고 들었다. 어떻게 해서든지 영양가 있는 사식을 넣어 드리고 싶어 궁리하던 중 한 간수에게 사정사정하여 형무소에서 사용하는 도시락 밑에 쌀밥과 계란 프라이를 넣고 위에는 콩밥을 덮어서 들여보냈다. 차경수 선생은 도대체 누가 이런 대담한 일을 했는지 모르고 식사할 때마다 감사의 기도를 드리곤 했다 한다.

차선생의 남편은 의사로 6·25 직전 서울에서 내가 사경을 헤맬 때 나를 구해준 생명의 은인이었다. 우리 식구들은 내가 환자상태에서 6·25가 나고도 피난을 못간 채 9·28 수복 때까지 지옥 같은 3개월을 경험했어야 했다.

인민군들이 서울에 들어오자 닥터 장의 체포령이 내려 혈안이 되어 찾는데 피할 곳이 없어 한밤중에 아이들을 데리고 네 식구가 서울 안암동 우리 집으로 피난을 왔다. 아내는 망설이지 않고 닥터 장을 천정 판자를 떼고 숨기기도 하고 지하실 어두운 곳이나 벽장 등 이곳저곳에 숨겨드렸다.

그 뒤 휴전이 된 후 닥터 장은 하나님의 부르심으로 먼저 가시고, 차경수 선생은 지금도 LA 아들네 집에 생존해 계시며 교회 원로 장로로 독립운동에 관한 책도 내시고 출판기념회도 하시며 아내가 살아있는 동안 변함없는 사제의 깊은 정을 나누었다.

신앙에서 신앙으로

어려서부터 권사이신 어머님을 따라 새벽기도를 열심히 다니며 신앙이 싹터 평생을 새벽 기도에 빠진 일이 없었고 일생을 어디가나 신앙인의 모범을 보여 주위의 칭찬과 존경을 많이 받았다.

가정에서도 아무리 바빠도 가정예배를 거르지 않았다. 그래서인지 성인된 자녀들 모두 섬기는 교회에서 장로, 집사, 권사의 직분과 성가대 지휘, 반주자, 혹은 성가대원으로, 주일학교 교사로 헌신 봉사를 하고 있다.

1991년 중환으로 입원한 후 아내는 한국과 미국 내 각처에 사는 자녀들을 다 오게 하여 유언처럼 마지막 부탁을 했는데, 그 첫째가 '신앙생활을 잘 하다가 하늘나라에서 다시 만나자'라는 것이었고, 어머니를 위해 눈물을 흘리지 말고 웃음으로 대하라는 당부였다.

마지막 숨을 거두기 1분전 목사님이 지나 가시다가 우연히 들르셨는데, 목사님의 축복기도 중 숨을 거두었으니 주님께서 아내의 신앙을 보시고 부르시는 그 순간까지 큰 축복을 주신 것에 감사 감사할 뿐이다.

두 번 넘은 38선

1947년 4월 황해도 신천농업학교에서 내가 재직 당시 숙청 대상자 명단에 오르게 되어 우리 가족 6명은 죽음을 무릅쓰고 38선을 넘어왔다. 맨 몸으로 넘어왔으니 아이들 입힐 옷이며 이불 등 불편한 점이 한두 가지가 아니었다. 아내는 생각 끝에 이북에 맡기고 온 짐을 찾으러 황해도로 다시 갔다 온다는 것이었다. 사경을 넘어 온 그 지긋지긋한 38선을 더구나 세 살배기 셋째아들(지배)을 업고 가야 되는데 기가 막힐 노릇이었다.

떠나는 날, 내가 할 수 있었던 일은 38선까지 만이라도 덜 고생되게 이등 승차권을 끊어서 야간열차로 떠나가는 아내의 손에 쥐어 줄 뿐이었다.

열흘 만에 무사히 도착했다는 전보가 와서 나는 겨우 안도의 숨을 쉬었다. 강한 신념과 의지를 한 번도 자신을 위해서는 사용하지 않았다. 옳은 일에는 발 벗고 나섰고 마음먹은 일은 기어이 해내고 말았다.

걸스카우트와 사회봉사

아내가 피난 정착지 군산에서 시청 부녀아동과에서 근무

할 때였다. 전국에서 '걸스카우트'운동이 활발하게 전개되었는데 유독 전라북도에만 그 단체가 없었다. 아내는 그 중요성을 느끼고 여학교 교장들을 설득하러 여학교마다 찾아 다녔으나 그중 군산여고와 사범학교 학생들만을 상대로 우선 창단식을 가졌다. 인원은 나의 큰 딸을 포함하여 불과 20여명 내외였다.

한 학기가 거의 지날 무렵 괄목할 만한 봉사활동, 예의범절, 솔선수범을 보여 결국 전주, 이리 각 지방 각급 여학교에서 다투어 '걸스카우트'에 가입하게 되었다. 그야말로 전라북도에서 '걸스카우트'창시자가 되었고, 전국대회, 나아가 전 세계대회에 단원들을 인솔하고 야영훈련에 참석하기도 했다.

피난민의 알뜰 해수욕

아내는 일생 감기 한번 안 걸릴 정도로 건강했고, 특히 가족들의 건강에 세심한 신경을 써서 계획성 있고 규칙적인 생활로 일관하였다.

피난의 어려운 살림에도 적은 비용으로 영양의 균형을 생각해서 식단을 짰다. 아이들의 건강을 위해서 여름휴가 때는 대천 혹은 변산 해수욕장을 꼭 다녀오곤 하였다. 남들은 피난 온 가족이 호화롭게 무슨 해수욕을 가느냐고 했겠지만, 아내는 이런 일들을 연초 1년의 예산을 세워서 실행에 옮겼다.

가족의 해수욕 비용은 이렇게 해결하는 식이었다. 차비는 매달 조금씩 생활비를 절약해서 저축했고, 숙박료는 텐트식인 간이건물을 사용하므로 큰돈은 안 들었다. 쌀, 반찬, 땔나무들은 여덟 식구가 들고, 지고 가면 되어서 적은 돈으로 가족여행을 멋있게 했다.

변변히 해수욕복 하나 제대로 입은 아이도 없는 어찌 보면 초라한 해수욕이었지만, 우리 가족이 밤바다 모래사장에 둘러 앉아 노래하고 게임도 하고 즐겁게 놀다가 보면 주위에 어린이들이 모여 구경하기도 하고, 서울에서 온 어느 부모는 자기 아이들도 함께 데리고 놀아주길 원해 끼워줄 뿐아니라 그 아이 부모님도 함께 오시라고 해 즐거운 시간을 보내곤 했다. 이렇게 여름에 한차례 해수욕을 갔다 오면 겨울 내내 아이들이 건강하게 자라주어 병원비, 약값도 아낄 수 있는 거였다.

어느 해인가 해수욕을 다 마치고 장항에서 배를 타고 군산에서 내려 집까지 걸어가는 중 어느 파출소 앞을 지나려는데 8명이나 되는 인원이 너무도 남루한(?) 형색에 검게 탄 얼굴로 이것저것 이고지고 밤길을 재촉해 걷는 것이 아무래도 좀 수상했던가 보았다. 경찰이 우리 식구 전원을 불러 세운 적도 기억에 남아 있다.

도란도란 피는 꽃

아이들이 사춘기 때, 특히 크리스마스가 돌아오면 마음의 안정을 잃게 될까 보아 12월에 접어들면 미리 크리스마스이브 가족 파티 계획을 알리고 자녀들에게 각각 제일 친한 친구를 한 명씩만 집으로 데리고 오게 하여 저녁식사, 레크리에이션, 밤참을 준비하여 새벽까지 놀다가게 했다. 부모도 같이 다 친구로 생각하고 논다는 제안을 하니 모두 대찬성이었다. 새벽에 헤어지기 전 성탄 축하 예배를 드리고 우리가 준비한 간단한 선물을 나누어 주고는 헤어졌다.

초대받았던 아이들은 모두 재미있게 놀고 대접도 잘 받았다고 자랑을 했고 내년에도 또 초대해 줄 것을 요청했다. 이 소문이 퍼져 다음 해에는 다른 가정에까지 보급이 되기도 했고, 어느 해에는 이색적으로 6남매 모두에게 이성 친구를 초대하도록 한 적도 있다. 이 모두 아내의 교육 방침의 일부를 말함이다.

학교 성적도 지나친 간섭을 안 했고 다만 최선을 다 했는가를 보았다. 다행이 6남매 모두가 잘 따라와 주어 6남매 제 각기 대학생활에서 아르바이트로, 장학금으로 졸업하게 되었고, 젊었을 때 고생은 금을 주고도 못 산다는 산교육을 체험하게 하였다.

나라에는 국가, 학교에는 교가, 회사에는 사가가 있듯이 가정에도 가족의 노래가 있었으면 하는 아내의 제안으로 '도란도란 피는 꽃'이란 노래를 가족이 모이면 늘 불러 우리 집 가족 노래가 되었다.

1. 비바람이 창을 치는 어둔 밤에도 등불 아래 이마를 마주 대이고 / 온가족이 다소곳이 모여 앉으면 도란도란 이야기 꽃 절로 펴나네

2. 근심걱정 없으련가 어려운 살림 고된 고비 숨 가쁘게 넘었으련만 / 서로 돕고 의지하고 모여 앉으면 도란도란 괴로움도 절로 풀리네

3. 세상살이 거센 물결 사나우련만 맘을 펴고 모여앉아 즐

거운 한 때 / 지난 일을 웃어치고 털어버리면 잠자리에 숨소
리가 절로 고르네

캘린더에 가득한 생일

가정살림도 알뜰하고 음식 솜씨도 남들이 최고 수준으로
인정할 정도였다. 직장생활로, 교회생활로, 사회봉사로 항
상 시간에 얽매이면서도 가정에 세심한 배려를 잊지 않았
다. 한마디로 내유외강형이었다고 해야 할까? 처음 대할
때는 조금 냉정하게 느껴지기도 하나 사귀어 보면 인정이
많다고들 하고, 한 번 사귄 사람과는 끈끈한 유대관계가 지
속되었다. 상대의 오해가 있더라도 언젠가는 진심을 알게
될 것을 믿고 늘 한결 같았다.

새해가 되면 달력에 자녀들의 생일은 물론 친척, 친지, 직
장 동료, 교회 목사님을 비롯해 상당수의 생일을 적어 두고
서 생일 카드를 정성껏 써 보내기를 한 번도 잊은 적이 없
었다. 그중에는 아내의 카드를 받고서야 비로소 자기의 생
일을 알게 되었다는 분도 많았다.

27개의 네잎 클로버

아내의 취미는 독서와 여행이었다. 취침 전엔 하루도 빠짐없이 독서를 하다가 잠이 들었다. 뜨개질도 잘해서 아이들 옷도 구호물자에서 나오는 털옷을 풀어서 깨끗이 세탁하여 짜서 입히고, 큰옷은 잘라서 아이들 치수에 맞게 만들어 입혔다. 모르는 사람들은 "피난 온 사람들이 무슨 돈이 그리 많아 아이들에게 새 옷만 사서 입히는가?"할 정도였다.

아내는 여행을 그리도 좋아했는데, 1990년 10월 자녀들의 세밀한 계획과 배려로 둘이서 잠시 귀국해 동해안 일대와 설악산을 여행했는데, 이 여행이 마지막이 될 줄이야…. 살아생전 그렇게도 원하던 하와이, 캐나다 여행을 같이 하지 못하고 갔으니 내게 회한을 심어주기 위해서였을까?

아내처럼 네잎 클로버를 많이 찾은 사람이 또 있을까? 내 주위에는 없는 것으로 안다. 네잎 클로버 수집광이라고 할 정도로 그것에 꽤나 집착을 했다. 산책을 하거나 길을 걷다가도 클로버만 눈에 띄면 그대로 쭈그리고 앉아서 뒤적거리다가 한 잎이라도 찾아야 자리를 떴다. 어김없이 찾아서는 손에 들고 기뻐하는 모습은 차라리 천진난만하다고 할까? 아내는 그것을 책 사이에서 곱게 말렸다가 성서 구절

어머님은 유난히 네잎 클로버를 잘 찾으셨다.

을 적고 네잎 클로버를 넣어서 책갈피꽂이를 정성스럽게
만들었다. 그것을 여러 사람에게 선물했는데 아직도 성경
책 사이에 끼우고 있다는 분도 많다.

1988년 결혼 50주년 금혼식에는 네잎 클로버 27개로 액자
를 만들어서 6남매 가정에 하나씩 선물하고 우리도 하나
벽에 걸어놓았다. 27개의 네잎 클로버는 88년 당시의 27명
의 자녀 손을 상징함이었다.

'사랑'으로 쓴 3대 가족 얘기

"1933년 8월, 우연히 누이동생의 앨범을 뒤적이다 한 여학생이 유난히 눈에 들어왔다. 그로부터 5년 후 선을 보는 자리에 그녀가 앉아 있었다. 38년 겨울 마침내 그 여학생과 결혼할 수 있었다...."('백년가약에 얽힌 이야기'중 '누이동생의 앨범'편)

"네잎 클로버를 잘 찾는 아내는 금혼식 때 자녀 손 27명을 나타내는 27개의 네잎 클로버로 만든 액자를 자녀들에게 나눠주었다."('아내의 발자취'중 '27개의 네잎 클로버'편)

한 가족의 단란한 삶의 조각들이 담긴 책, '도란도란 피는 꽃'의 내용이다

주인공은 전북대 체육과 교수를 지낸 김현택(83세 미국 워싱턴주 시애틀)-유순희(91년 작고, 당시 73세)씨 일가.

"어머님이 돌아가시기 전, 가족들 간에 주고받은 편지를 책으로 엮어 보자는 얘기가 나왔습니다"'가족사 엮기'를 기획한 3남 김지배(52세 한국도로공사 경영관리처장)씨는 부모님 금혼식이 있던 88년부터 그동안 부모와 6남매간에 오

고 간 편지를 모으기 시작했다. 미국에 이민 간 장남 인배 (57), 장녀 예자(53), 차녀 신배(49)씨 등의 편지와 한국에 남은 차남 의배(55), 지배, 막내 광배(43)씨의 사연을 모았 다. 다행히 편지를 소중히 간직하고 있었다.

편지는 "종인아빠(지배)가 무척 좋아하더군요. 어머님 목 소리가 밝고 생기 있으시다구요"(셋째며느리 김양숙). "동 생은 양보심이 많아요. 지우개가 예쁜 것이 있었는데 나 가 지라고, 너 가지라고 하다가 할 수 없이 내가 가졌어요"('에 필로그'중 '막내의 큰 딸 종아가 할아버지 할머니께 보낸 편지') 등 가족 간 사랑이 듬뿍 담겨 있다.

편지만으로는 그러나 아쉬운 감이 들었다. 격동의 현대사 를 살아온 부모의 삶은 후손들에게도 도움이 될 듯 했다. 일제시대 동경체육전문학교를 졸업하고 황해도 신천농업 학교에서 몰래 애국가를 가르치던 아버지, 해방과 6·25를 겪으며 생사의 갈림길에서 꿋꿋하게 자식들을 길러낸 어머 니의 삶을 수필형식으로 엮기로 했다.

그렇게 10년 가까운 노력 끝에 가족이 함께 즐겨 부르던 노 래 '도란도란 피는 꽃'으로 제목을 달아 모두 6개 부분, 208 쪽 분량으로 지난 5월 1천부를 찍어냈다.

먼저 소천하신 어머니께 바치는 형식으로 만들어진 이 책은 가족과 친지들에게 무가로 돌려졌고, 반응은 의외로 좋았다. 주변에선 "많은 사람들이 볼수 있도록 제작하는 게 어떠냐"고 권유했다. "우리 가족들의 얘기가 많은 사람들의 공감을 얻을 수 있다면 판매를 할 수도 있겠지요. 하지만 너무 평범하지 않습니까." 잔잔한 미소가 입가에 그득한 지배 씨의 말이다.

– 이건호 기자(1997년 9월 13일)

바다 건너
부모님
전상서

저는 부모님께 자주 편지를 쓰는 편인데, 편지를 쓸 때 제 나름대로 신경을 쓰는 부분이 있습니다. 그것은 언젠가 저희 어머니로부터 들은 교훈 때문이지요. 어머니께 들은 편지에 대한 교훈은 이렇습니다.

"아무리 현대라지만 편지가 갖는 최소한의 기본 예의라는 게 있는 법이다. 편지 첫 부분에는 안부 인사가 있어야 좋고 계절 인사를 곁들여 하면 훨씬 부드럽다. 조금 신경을 써서 편지 종이에 여백 없도록, 내용이 적당히 고르게 지면에 채워지도록 하여라. 간혹 편지지 아랫면이 많이 남은 채

끝난 편지를 받게 되면 정성도 준비성도 없어 보여 안 좋더구나. 미리 내용이 짧을 것 같으면 편지지를 작은 걸로 골라서 사용하면 된다."

이런 내용의 당연한 가르침이었는데 전적으로 공감하는 말씀이라 저 역시 이런 가르침들을 그대로 지키려고 애쓰는 편입니다.

어머님은 누구보다도 제 편지를 기다리고 반가워 하셨던 것 같습니다. 부모님이 사시던 시애틀 아파트에는 어머님 연세 또래의 친구분들이 여럿 계셔서 가깝게 지내셨는데, 저에게서 편지를 받은 날은 모두 함께 아파트 뜰에 앉아서 돌려가며 편지를 읽으며 눈물을 훔치기도 하시고 때로는 웃기도 하시면서 같이 가족같은 정을 나누셨다고 합니다.

다음의 편지는 1981년 9월 LA 딸네 집에 잠시 머무시던 부모님께 제가 보낸 편지입니다.

부모님께,

8월 한가위도 지나 이제는 가을이 온 누리에 가득한 9월 중순입니다. 그간도 주님 은총 중 건강하시리라 믿으며 누나

네 식구 모두에게도 함께 문안드립니다.

저희도 그동안 별고 없이 깊어가는 가을을 맞고 있습니다.

보도를 통해 아시겠으나 엄청난 수해로 많은 사람들이 고생하던 9월 첫 주간 동안 저는 공군부대에서 예비군 훈련 중이었습니다. 8월 31일부터 9월 5일까지 옛날 대전 그 부대 그 막사에서 보낸 갇힌 생활 – 10여 년 넘은 세월을 지나 다시 찾으니 정말 감회가 깊었답니다.

떠나는 날 새벽에 종인이 녀석은 계급장을 단 제 군복이 그렇게 좋았던지 경례를 하고 펄쩍펄쩍 뛰며 '배달의 기수'같다고 야단이더니 저 없는 동안에도 동네 꼬마들한테 '우리 아빠 군대갔다아~'며 자랑하더래요.

종인이는 그럴 뿐인데 종경아가씬 또 여자아이라고 몇 번씩이나 '우리 남자 아빠 어디 갔어'하며 아침마다 이 방 저 방 기웃거리며 찾고, 무슨 일로 엄마가 혼낼라치면 울면서 '아빠한테 일러줄거야'하더래요.

만 1주일 만의 귀가 – 양숙인 매일 밤 문단속 요란스레 체크하고 가급적 일찍일찍 아이들하고 잠자곤 했대요. 무서웠다는 거죠. 가장의 몫에 대한 재인식을 서로 새롭게 한 계기가 된 듯 했습니다.

12일 추석에 서울 식구들 전원 집합이었습니다. 장소는 둔촌동 우리집! 성과(?)는 120%였다고나 할까요. 큰형, 작은형 모두 만족해하고 참 즐거운 한나절을 같이 보냈습니다. 낮 12시부터 저녁 8시경까지. 점심을 주로 했고 오후엔 몽땅 아파트 뒷산 약수터까지 산책도 하고 사진도 찍고 했습니다. 광배는 전날 밤 저하고 통화 했습니다. 부모님도 안계시고 하는데 유난스레 형들 생각난다고 올라오고 싶다더군요. 신배는 직접 통화 못했으나 시댁에 다녀왔을 거에요. 큰형은 저희를 보고 '아우(흥부)가 형(놀부)보다 더 깔끔히 잘 사니 배가 아픈데'로 시작해서 유머로 분위기를 잡고 모두 흐뭇해 했구요. 특히 놀라운 사실은 큰형이 5만원의 거금을 저희한테 건네준 일! 전혀 의외의 일이라 놀라기도 했으나 정말 고맙고 감사히 받았습니다. 종욱인 불고기, 송편 등을, 종빈인 주스 등을 가져와 식탁에 함께 올렸는데 아마도 저희가 자진해 '올 추석 우리 집으로 모이죠'란 제의가 기특(?)했던거나 아닌지 모르겠습니다. 의배형도 올 추석 참 즐겁게 보냈다며 고마워했습니다.

추석 뒤 곧바로 연락드린다고 했던 게 그날 찍은 사진을 함께 보내려고 얼마간 늦었답니다. 사진은 성공은 아니었습니다만 몇 장 골라 보내드립니다. 카메라도 좋은 것으로 빌려와 히트작을 내려 했으나 우선 전체 가족사진이 한 장뿐으로 밑 부분이 잘리었으니…. 이 사진은 저희 아파트 경비 아저씰 불러와 눌러 달라해 찍은 것이랍니다. 형네도 각각 대표작 크게 뽑아 증정했습니다. 추석 이후 첫 주일에 큰형 희사금의 1/10을 감사헌금으로 드렸습니다. 그곳에서도 어쩌면 송편이랑은 드셨겠죠? 달도 휘영청 밝았을 터이구요. 어머님의 기행문도 다소 늦게 추석날 모였을 때야 저의 서문(?)을 곁들여 전달되었습니다. 최고의 추석 선물로 각광을 받았던 건 두말할 필요가 없구요. 물론 참석 못한 동생들에게는 우편으로 보냈습니다.

6월 18일, 7월 27일, 8월 25일 – 무슨 날인지 아세요? 부모님 소식(편지)을 제가 이곳서 받은 날짜입니다. 6월 11일, 7월 19일, 8월 18일은 어머님께서 편지를 쓰신 날짜. 이상의 데이터(?)를 분석해 볼라치면 그곳에서 어머님이 매달 16일쯤 글을 쓰셨고 저는 이곳에서 20일경 편지를 받아온 결과입니다. 그렇담 '내일쯤(9.21) 회사에 어머님의 편지가?'하는 생각으로 오늘 주일 오후를 보내고 있습니다. 막상 저는 자주 소식 못 드리면서도 부모님 소식 뜸하면 잔뜩 궁금해진답니다. 받는 자보다 주는 자 복됨을 왜 모르겠습니까만….

'요즘 3, 4일 무리해서 정신 차리고 지난날을 더듬어 보았다. … 너절한 글씨가 께름하기도 하고 … 우리가 건강하고 좋와서 즐겁게 지내는 것이 너희들의 즐거움일 것이 분명하기에 이 은혜를 나누자는 것이다.'

윗글 중 철자법에 틀리거나, 최신 신조어 '께름' 등이 튀어나오는 글이 저를 미소 짓게 했습니다.

다소 밀린 이야기인지라 순서가 왔다 갔다 하고 있습니다. 저희 둔촌동에 모였던 날 이야기인데요, 때맞추어 (추석 얼마 전부터) 천장에 걸어 거실 공간에 가꾸었던 화초에 빨알간 꽃이 피었답니다. 이름도 성도 모르는 채 그저 초록색 잎을 즐기면 되는 줄 알고 있었는데 신기하게도 빼꼼히 진홍의 꽃이 코믹하게 피었답니다. 종빈 엄마랑 이 꽃 앞에서 포즈를 잡아 사진 찍기도 했습니다.

'오늘 추석을 맞아 저희 형제들 한자리에 모여 음식 나누게 해주셔서 감사합니다. 이 날을 맞아 저희들 멀리 미주에 계시는 부모님과 누나 그리고 지방의 동생들을 기억할 수 있게 해 주십시오. 아멘'

큰형의 명에 의해 감히(?) 제가 짧게 드린 기도입니다.

이제 줄이겠습니다. 매형께 특별히 안부 전합니다.

참, 지난 주말 우리 식구들 회충약을 먹었습니다. 그 옛날 아버님께서 철따라 주일 새벽에 어김없이 회충약 챙겨 먹이시던 기억이 떠올라 퍽 감격스러웠답니다.

1981.9.22,
항상 부모님의 사랑 안에 거하는
지배 양숙 종인 종경 드림

아버님의 90회 생신,
3대가 함께 한
크루즈 여행

어머님을 먼저 하늘나라로 보낸 후 아버님은 미국에서 홀로 지내셨습니다. "이제는 저희 집으로 오셔서 함께 지내시죠"하는 큰아들의 권유에도 불구하고, 아버님은 두 분이 지내시던 아파트에 계속 머무르셨습니다.

혼자 계시기는 했지만 아버님은 늘 바쁘게 사셨습니다. 교회에서는 헌금 시간 특송을 위해 성가대의 중창 연습을 시키거나 교회 가족 합창대회 심사위원을 맡으시는 등 교회의 최고령 장로로서 원로의 역할을 하셨습니다.

뿐만 아니라 아파트 주민들이 명절이나 성탄 파티를 할 경우 레크레이션을 담당하거나, 특히 일주일에 한 번 경로 위문 차 들르는 미국 초등학생들을 대상으로 '할아버지와 함께 수수께끼를 푸는 시간'을 가져 아이들 사이에 인기가 높으셨습니다. 그래서 감기 때문에 한 주라도 빠지면 아버님의 쾌유를 비는 꼬마들의 카드가 아버님 방에 수북이 쌓일 정도였습니다.

그런 아버님을 위해 2005년, 전 가족이 크루즈 여행을 하기로 했습니다. 시애틀에 있는 큰형의 치밀한 계획 하에 아버님의 제90회 생신 기념으로 이루어진 일이었습니다. 미국 롱비치에서 멕시코 까지 다녀오는 4박 5일의 비교적 짧은 일정이었는데, 아버님은 그 이후에도 자주 이 여행에 대해 말씀하시곤 했습니다.

"그때 참 아이디어가 좋았단 말야…."

이 여행에는 미국과 한국에 흩어져 살고 있던 증손주까지 총 동원되었습니다. 우리는 2인 1조로 도우미 팀을 구성해 오전, 오후로 나눠 연로하신 아버님을 모셨습니다. 다양한 크루즈 프로그램에 참여하면서 즐거운 시간을 보냈는데, 하루는 태평양 바다 위 선상 갑판에서 외국인 팀과 우리 가족 팀이 배구대회를 하는 이색체험도 가졌습니다.

하지만 여행 기간 동안 가장 흐뭇한 기억으로 남아 있는 일은 배 안의 강당을 빌려 아버님 생신 축하 예배를 성대히 드렸던 일입니다. 우리는 출발 전에 이 축하예배의 진행 전체를 2세들에게 맡겼습니다. 그런데, 이 2세들의 준비가 아주 꼼꼼했습니다. 예배 형식을 완벽하게 갖추어 사회, 설교, 기도, 성가대, 헌금, 특송, 거기에 동시통역까지 분담해 예배를 아주 훌륭하게 진행했습니다. 주인공이셨던 아버님은 말할 것도 없고 우리들까지 깊은 감동을 받았습니다.

크루즈 여행 동안 우리 가족은 4인실 한 방을 배정받아 함께 지냈는데, 하루는 이런 일이 있었습니다. 대충 그날의 프로그램들이 모두 종료되고 각자 자기 방으로 들어갈 시간이 지났는데도 아이들이 들어오질 않았습니다. 밤 12시. 그 큰 배 어디에서 뭘 하는지 궁금도 하고 염려도 돼서 슬슬 찾아 나섰죠.

이곳저곳 있을 만한 곳을 찾아다니다가 갑판 위 중간 지점쯤에 조카들 열댓 명이 모두 모여 있는 것을 발견했습니다. 아이들은 뭐가 그리 즐거운지 웃음꽃이 한창 피어나고 있었습니다. 저는 얼른 몸을 숨겼습니다. 아, 2세들 끼리 저렇게 모여 놀고 있었구나! 보기 좋은데…. 안도감과 함께 뭐라 말할 수 없는 따뜻함이 가슴을 채웠습니다.

다시 방에 들어와 시계를 보니 0시 40분. 한참 뒤 방문 열리는 소리에 잠시 잠이 깬 내 귀에 들리는 남매의 이야기. 우리에게 방해가 될까봐 낮은 목소리로 오빠가 말합니다.

'오늘 즐거웠지?'

'응! 오빠도?'

'그럼…! 잘 자라.'

'오빠도 좋은 꿈 꿔.'

짧지만 정이 담긴 두 아이의 대화와, 잠자는 아내의 고른 숨소리를 듣는 아버지의 마음처럼, 3대가 함께 한 특별한 여행의 밤이 그렇게 따뜻이 깊어가고 있었습니다.

미리 드린
천국
환송 예배

　암 투병 중인 어머니를 위해 1991년 미국 각지와 한국에
사는 자녀 6남매와 사위, 며느리까지 모두가 부모님 사시는
시애틀에 집결했습니다. 돌아가시고 나서 장례식에 모이는
것도 중요하지만 그보다는 미리 모여 어머님과의 마지막
시간을 함께 보내는 것이 더 좋겠다는 부모님의 뜻에 따라
다들 모인 것이지요.

　그때 아버님의 지도 아래 어머님을 위한 '송별 가족 음악
예배'를 부모님이 다니시던 교회에서 드리기로 했습니다.

　병상에 계신 어머님은 고별 가족 음악예배 당일에 교회
에 참석하실 수가 없었기 때문에 리허설 겸 미리 어머니께 들려드리기로 했습니다. 하지만 주변 병실이 모두 환자들이었기 때문에 옆 병실에 방해가 되지 않도록 작은 목소리로 부르기로 했습니다. 이날 준비한 합창곡 제목은 '사랑의 종소리'.

"주께 두 손 모아 비나니 크신 은총 베푸사 밝아오는 이 아침을 환히 비춰 주소서…"

조심스럽게 합창을 하고 있는데 아니나 다를까 누군가 병실의 문을 노크하는 겁니다. 순간 '아차, 이것도 너무 큰가보다. 쉬~ 조용!' 큰형이 문을 살짝 열고 '쏘리'라고 말하자 간호사가 손사래를 치며,

"그게 아니고요, 옆 병실 환자들이 함께 듣고 싶다고, 같이 듣도록 해줄 수 없느냐고들 하시는데…."

덕분에 그날 우리는 암 환우를 위한 가족 음악회를 한 셈이 되었습니다. 합창에 4중창, 독창 그리고 부부 듀엣까지 말입니다. 여기저기 병실의 문들이 열리고 휠체어에 앉은 환자들과 가족, 의사, 간호사들이 박수를 보내주었습니다. 박수를 치던 그들의 그 미소 짓던 모습이 지금도 선명합니다.

그런데, 연습을 하면서 좀 이상하게 생각되는 점이 있어

아버지께 여쭸습니다. 어머님의 고별 음악예배인데, 거기서 부를 가족 합창곡이 '사랑의 종소리'라니 좀 거리가 있게 느껴지지 않겠느냐는 것이었습니다. 그러나 아버님의 대답은 "가사가 너무 좋다. 하늘나라 주님 품에 안기시는 걸 생각하면서 슬픈 고별이 아니라 영광스런 고별이라고 생각하고 싶다"는 것이었습니다.

드디어 주일 저녁 예배, 우리 가족의 어머님 고별 음악예배 시간이 되었습니다. 예배 시작 전에 우리는 교인들 앞에서 절대 울지 말자고 다짐했습니다. 하지만, 노래가 시작되고 "서로 믿음 안에서 서로 소망 가운데 서로 사랑 안에서 손잡고 가는 길…"노래를 부르며 저는 그만 가슴이 북받쳐 올라 울음을 참지 못하고 울먹이고 말았습니다.

저의 울음이 신호탄이 되어 노래하던 형들과 다른 가족들도 결국 울먹이기 시작했고, 합창은 점점 울음 섞인 노래가 되었습니다. 예배에 참석했던 교인들 여기저기서 훌쩍훌쩍 눈물을 훔치는 소리가 나더니 흐느낌이 예배당 전체로 퍼져나가기 시작했습니다.

그날 고별 예배는 비디오로 녹화해 그날 밤 어머님께 보여드렸습니다. 어머님은 고별 찬양예배가 있은 지 정확히

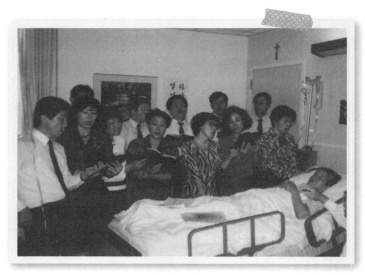

암 투병 중이신 어머니를 위한 사랑의 합창

한 달 만에 하늘나라로 떠나셨습니다.

훗날 제가 주례를 맡았던 한 결혼식의 축가가 '사랑의 종
소리'였습니다. 주례자인 제가 하객과 신랑, 신부 앞에서 눈
물을 참느라 얼마나 진땀을 흘렸는지 아는 사람은 아무도
없을 겁니다. 지금도 항상 '사랑의 종소리' 노래만 들으면
마음이 북받칩니다.

고별 예배로 드린 아버님의 95회 생신 잔치

2010년 홀로 사시던 아버님께서 95세 생신을 맞이하셨습니다. 어머님이 돌아가신 때가 오래전 일 같지 않은데 그새 20년 가까운 세월이 흘렀던 것입니다.

아버님은 지팡이를 짚기는 하시지만, 청력과 시력도 좋고 판단력도 밝으셔서 연세에 비해 건강하신 편이었습니다. 그런 아버님을 위해 자녀들이 특별한 생일잔치를 준비해 드렸습니다.

평소 늘 고맙게 대해준 분들에게, 의식이 있고 혼자 거동할 수 있을 때 웃으면서 감사를 표시하고 싶다는 아버님의 뜻에 따라 교회로 교인과 지인들을 초대해 식사를 대접한 것입니다. 아버님은 그날 또랑또랑한 목소리로 이렇게 말씀하셨습니다.

"어느 날 갑자기 쓰러져서 여러분에게 고맙다는 말 한마디 제대로 못하고 하늘나라로 가서는 안 된다는 생각에 이런 자리를 만들었습니다."

이날 아버님의 행사는 다음 날 한국일보 북미주판에 사진과 함께 꽤 크게 보도가 되었습니다. 기사의 제목은 '김현택 장로 95세 맞아 천국 가기 전 미리 고별식 가져'였습니다.

미주 한국일보(북미판)에 실린 기사

천국 가기 전 미리 '고별식' 가져
김현택 장로 95세 맞아 지인, 교인 등 초청해 식사 대접

지난 주말인 10일 오후 5시 에드먼즈 소재 시애틀 연합장
로교회에서 이색적인 사은행사가 열렸다.

올해 95세로 이 교회 최고령자인 김현택 장로가 고희를 넘
긴 장남 등 자녀들과 지인 및 성도 200여명을 초청해 천국
가기 전에 미리 '고별식'을 가진 것이다.

김 장로는 참석자들에게 저녁식사를 대접하고 "생전에, 특
히 최근 병으로 누워 있을 때 너무나 잘해 줘 참 고마웠다"
고 일일이 감사를 표했다.

현재 시애틀 다운타운 K아파트에 살고 있는 김 장로는 우
리나라 최초의 기독교 목회자 가운데 하나인 김창국 목사
의 아들이자, 김인배 전 워싱턴 주 서울대 동창회장의 아버
지이고, '가을의 기도'로 유명한 김현승 시인의 동생이다.

그는 일본 동경 체육대학을 졸업한 뒤 교사를 거쳐 전북대
교수를 지내다 1980년 정년퇴임했다. 유도 4단의 체육인

이지만 남다르게 음악을 사랑했다. 고교시절 남성 4중창단을 만들어 지방 순회공연을 다녔고, 전북대 교수 시절에도 합창단을 창설, 전국 대학교 합창 콩쿠르에서 1등을 차지하기도 했다. 1983년 큰 아들 김인배 씨가 출석하는 시애틀연합장로교회 성가대 지휘자가 없어 6개월만 맡는 조건으로 인연을 맺어 결국 시애틀에서 생을 마무리하게 됐다.

7월이 생일인 김 장로가 이날 행사를 서둘러 연 것은 비록 지팡이는 짚지만 매주 주일 예배에 빠지지 않고 혼자 걸어 다닐 정도로 건강을 유지해 오다가 최근 노환으로 수차례 입원하는 등 "천국 가는 날이 그리 멀지 않았다"는 생각에서다. 의식이 있고, 혼자 거동할 수 있을 때 생전 자신에게 잘해줬던 자녀들과 지인들에게 웃으면서 감사를 표하며 생의 '마지막 고별'을 미리 전하고 싶어서였다. "고마웠다"는 말 한마디 제대로 못하고 갑자기 하늘나라로 가서는 안 된다는 생각에서였다.

김 장로는 이날 "내가 치매에 걸리지 않고 멀쩡한 정신으로 장수하는 것도 하나님의 은혜"라고 전제한 뒤 "특히 수수께끼를 많이 풀었던 것이 치매 예방에 큰 도움이 됐다"고 말했다. 그는 참석자들에게 이날도 난센스 수수께끼 3개를

낸 뒤 선물과 함께 웃음을 선사했다.

큰 아들 김인배 씨는 이날 자식들을 대표해 "어머님이 19년 전 돌아가셨지만 나는 70이 넘은 나이에도 아버지가 계셔 세상에서 가장 행복한 사람"이라며 "우리 아버지께 잘해주신 여러분께 감사드린다"며 큰절을 올렸다.

– 황양준 기자(2010년 4월 12일자)

부록

아름다운 동행에 게재된 저자의 기사

"관심이 특별한 사랑을 만든다"

이 땅의 모든 남편들을 위해 아내에게 확실하게 점수 딸수 있는 최강 비법 하나 소개한다. 효과? 걱정 마시라. 임상실험을 통해 그 강력한 효과가 확인되었고, 약효도 아주, 아주~ 오래 간다. 특히 결혼 5주년이나 10주년처럼, 특별한 의미를 지닌 날에 사용하면 효과는 배가 된다.

뭐냐고? 자꾸 뜸들이지 말고 어서 털어놓으라고? 성질도 급하시다. 다음 이야기는 기자가 만들어낸 가상 스토리가 아니라 실제로 있었던 실화다. 이 이야기의 주인공은 평범한 한 직장인이다. 시간은 지금으로부터 한 20여 년 전으로 거슬러 올라간다.

어느 결혼 10주년에 생긴 일

그날 아침, 남편은 출근을 하면서 아내에게 퇴근 후 모 식당에서 만나자고 약속을 한다. 그러마, 하고 대답하는 아내의 얼굴에 어쩔 수 없는 미소가 번진다. 결혼 10주년, 아내도 여자인데 어찌 모르겠는가? 벌써 며칠 전부터 내심 기대하던 날이었다. 그 꼭꼭 눌러온 기대감이 미소 속에 한껏 피어오른 것이다.

회사로 출근한 남편은 회의를 마치자마자 장인어른에게 전화를 건다.

"저녁에 뵙고 식사 대접을 하고 싶은데 장모님과 함께 꼭 나와 주세요."

이유를 묻는 장인어른에게 나와 보시면 안다고 얼버무리며 시간과 장소를 알려드리고는 이내 전화를 끊는다.

드디어 퇴근 후, 약속한 식당에서 만난 부부는 먼저 자리를 잡고 아내는 메뉴를 뒤적인다. 그런데 남편은 더 올 손님이 있다며 좀 더 기다리잔다.

손님? 결혼기념일 식사에 웬 손님? 아내는 고개를 갸웃거린다. 그때 식당 문을 열고 들어서는 한 노부부를 향해 남편이 반갑게 일어서며 손을 흔든다.

'아니, 아버지와 어머니가 어떻게 여길…?'

놀란 아내의 눈이 토끼눈만하다. 그리고 그 놀람은 곧이어 반가움과 고마움이 뒤섞인 묘한 표정으로 뒤바뀐다.

화기애애한 분위기 속에 식사가 끝나고 후식으로 커피가 나오자 남편은 장인어른과 장모님께 오늘 이곳으로 나오시라고 한 이유를 이렇게 설명한다.

"오늘은 저희들 결혼기념일입니다만, 생각해보면 저희들의 오늘이 있기까지는 두 분 부모님이 계셨기에 가능한 일이었습니다. 이렇게 따님을 귀하게 잘 키우셔서 제게 아내로 허락해주시고, 그래서 여기까지 이렇게 잘 지낼 수 있었던 것은 다 부모님의 은혜가 아닌가 생각했습니다. 그 고마움을 나누고파서 이렇게 저희들 결혼 10주년 자리에 두 분을 모셨습니다. 장인어른, 장모님, 감사드리고요, 더 건강하시고 오래오래 행복하게 사십시오."

때가 마침 5월 하순이어서 남편은 장인어른에게 여름 남방을, 장모님에게는 대나무로 엮어 만든 여름 핸드백을 선물로 드렸다.

이 이야기의 결말? 아직도 상상이 안 되나? 아내의 눈에는 감동으로 굵은 이슬이 맺혔고, 다음 날 아침 메뉴가 화악

~ 달라졌음은 두 말하면 잔소리다. 그리고 마지막 퀴즈! 이 일로 가장 행복했을 사람이 누구일까? 아내? 땡! 아니다. 가장 행복했던 사람은 바로 남편이었다. 그 이유? 곰곰이 잘 생각해보길 바란다.

1만 일의 축하 카드

이 이야기의 실제 주인공은 김지배 장로(67 · 수지영락교회 · 국제사랑의봉사단 운영이사)다. 김 장로는 25년을 한국도로공사에서 근속했고, 지금은 은퇴해서 조용한 일상을 보내고 있다. 국제사랑의봉사단 이사로 강연도 다니고 시각장애인을 위한 도서 녹음 봉사도 하지만, 아무래도 그가 가장 '빛나는' 시간은 가족들과 함께 하는 시간들이다. 그런 시간 속에서 그의 '탁월한 아이디어'들은 그야말로 빛을 발한다. 사례를 하나 더 소개해보자.

아래 사진에 나온 카드의 의미가 도대체 뭘까? 이 카드는 김 장로가 딸인 종경에게 준 선물이다. 당시 종경은 대학을 졸업하고 향후 자신의 진로 때문에 방황하며 힘든 시간을 보내고 있었다. 그런 딸의 모습을 보면서 아버지는 어떻게

든 딸에게 용기를 불어넣어 주고 싶었다.

그래서 어느 날 저녁, 식사를 마친 후 아버지는 딸을 위한 특별 슬라이드 쇼를 연다. 아무 설명도 없이 미리 준비해놨던 딸의 사진들을 슬라이드로 보여준 것이다. 사진은 태어났을 때부터 오늘에 이르기까지 딸 종경의 성장과정을 파노라마처럼 보여주었다.

그렇게 한동안 사진들이 흘러가다 갑자기 '축하! 태어난 지 1만일!'이라는 문구가 나타났다. 가족들이 놀란 것은 당연했고, 그 문구를 보던 딸아이의 눈에는 그렁그렁 눈물이 맺혔다. 자신의 힘든 현재 상황과 아버지의 따뜻한 마음이 가슴에 깊이 와 닿았을 것이다.

그때 김 장로가 선물한 카드가 바로 이 사진 속의 카드다. 딸아이의 어렸을 때 사진과 최근 사진 사이에 10,000'이라는 숫자가 새겨져 있고, 1만 원짜리 지폐도 하나 붙어 있다.

여기서 퀴즈 하나! 김 장로의 딸 종경이는 이 카드에 붙은 1만 원 짜리를 떼어서 용돈으로 썼을까? 정답은 모두가 알고 있을 것이다. 김 장로의 딸은 지금도 이 카드만은 '나만의 보물'로 소중하게 간직하고 있다.

특별한 환갑잔치

김 장로는 이미 환갑을 지났다. 환갑을 맞았을 당시 김 장로는 특별한 잔치를 벌이지 않았다. 그저 가족들과 오붓한 식사자리를 가졌을 뿐이다. 그리고 '메인 이벤트'는 식사가 끝난 후 집에서 가족들과 함께 가졌다. 그것은 온 가족이 평생 잊지 못할 감동의 '세족식'이었다.

환갑날 식사를 마치고 집으로 돌아온 김 장로는 거실의 불을 모두 끄고 여기저기 양초를 켜놓았다. 어둠과 촛불이 주는 침묵이 거실을 고요하게 뒤덮을 즈음, 김 장로는 따뜻한 물을 담은 대야를 들고 나왔다. 그러고는 아내 앞에 무릎을 꿇고 카드에 적힌 문구를 읽기 시작했다.

"60회 생일을 맞아 사랑하는 아내에게! 하나님 아버지, 그동안 이 못나고 부족한 남편으로 인해 제 아내가 흘려야 했던 눈물과 고통의 흔적을 하나님께서는 다 아십니다. 아내를 힘들게 했던 저를 아내가 진정으로 용서하게 해주시고…."

남편은 그렇게 아내의 발을 씻겨주고, 이어 아들과 딸에게도 미안한 마음을 전하는 글을 읽어준 후 차례로 발을 씻어주었다. 이날 이 가족의 환갑행사는 눈물과 진한 포옹으로 끝을 맺었다. 가족들의 가슴에 어떤 추억이 아로새겨졌을 지를 구구절절 설명하기는 너무도 힘든 일이다. 그건 도저히 말로는 설명될 수 없는 성질의 것이기 때문이다.

비결은 관심

앞에 소개된 것들은 사실 많은 에피소드 가운데 일부에 불과하다. 김 장로의 가족들은 진한 감동으로 묶여진 많은 이벤트들을 소중하게 기억하고 있다. 그런데, 여기서 한 가지 의문이 떠오른다. 도대체 김 장로는 어떻게 해서 이런 이벤트들을 생각해내고, 또 언제부터 실천하게 된 것일까?

"아버지로부터 물려받은 것 같습니다. 우리는 6남매 였는데, 늘 집안의 어떤 일이든 아버지는 재미있게 하셨습니다. 지난해 11월 소천하시기 직전에는 지인들과 교인들을 초대해 '천국행 고별식'을 미리 열었습니다. 너무도 기발한 행사여서 북미주 지역신문에 크게 나기도 했는데, 그런 아버님의 영향을 받은 것 같습니다. 가족들이 좋아하는 것을 보면 자연스럽게 아이디어가 떠오릅니다."

하지만 김 장로의 이벤트 아이디어는 단순히 아이디어만

은 아니다. 머리로 만은 그런 아이디어를 건져낼 수 없기 때문이다. 가슴이, 그것도 가족에 대한 따뜻한 사랑이 동반되지 않은 가슴이 없이는 절대로 만들어낼 수도, 실천해낼 수도 없는 성격의 것들이기 때문이다. 김 장로의 그런 가족에 대한 사랑을 일찌감치 일깨워준 사람 역시 김 장로의 부친이었다.

"아버지는 삶에 있어서 늘 세 가지 요소를 강조하셨습니다. 바로 교회와 가정, 그리고 직장입니다. 이 세 가지에만 충실하면 된다고 강조하셨죠. 그중에서도 아버지는 가정을 가장 중요하게 생각하셨습니다. 가정은 이 세 가지 요소의 베이스캠프가 된다고 생각하셨죠."

핵심은 관심과 사랑이었다. 가정의 가치를 최우선에 두고, 가족을 향한 깊은 애정과 관심이 김 장로의 '톡톡 튀는 이벤트 아이디어'의 원천이었던 셈이다. 아버지에게서 아들로, 그 아들에게서 또 손자로 이어지는 이 집안의 소중한 전통, 그 안에는 값으로는 헤아릴 수 없는 너무도 소중한 의미가 들어있는 것이다.

- 김지홍 기자 pow97@iwithjesus.com